Wanderführer Mark Brandenburg

40 Wanderungen auf den Spuren Theodor Fontanes

- **Verträumte Dörfer, stille Ufer**
- **Burgen – Schlösser – Klöster**

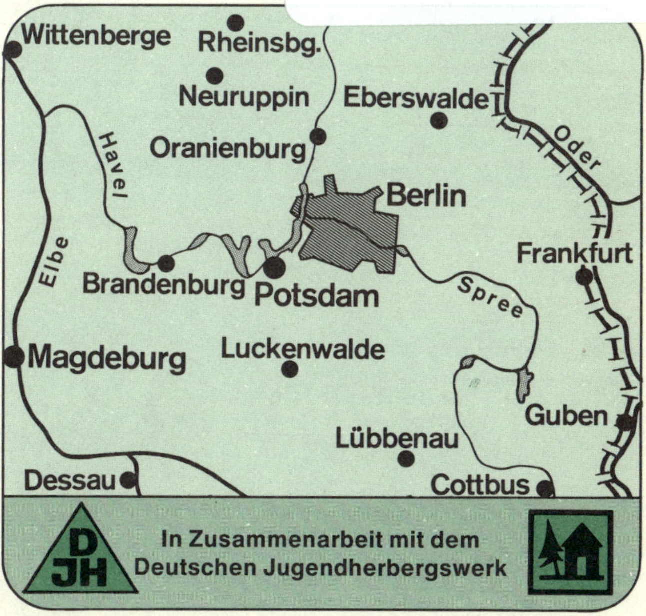

D JH In Zusammenarbeit mit dem Deutschen Jugendherbergswerk

Kompass-Wanderführer

Wanderführer Mark Brandenburg

Begangen und beschrieben
von Albrecht von Hardenberg

Deutscher Wanderverlag
Dr. Mair & Schnabel & Co. · Stuttgart

wandern + radwandern

Die große Wanderbuch-Reihe
für grenzenloses Wandern

Zu diesem »KOMPASS-Wanderführer«
die Generalkarte 1:200000 DDR
Blätter 1 bis 6
(Mairs Geographischer Verlag, Stuttgart,
und VEB Tourist Verlag, Berlin/Leipzig)

Gesamte Kartographie:
Adele Greschner

Umschlagbild: Schloß Rheinsberg
Foto: Jürgens, Ost- und Europafoto, Köln

2., Auflage 1990

ISBN 3-8134-0216-9

Druck: Siegfried Roth, D-7311 Owen/Teck
Printed in Germany

INHALT

Märkische Schweiz

Berliner Ur-Stromtal

Zwischen Storkow und Bad Saarow-Pieskow

Der Spreewald

Orts- und Sachverzeichnis

Mit Nummern-Angaben der betreffenden Wanderungen

Vorbemerkungen

Der Name »Mark Brandenburg« für das Gebiet rund 100 Kilometer im Umkreis von Berlin ist offiziell verschwunden. Dieses Land ist als Folge des zweiten Weltkrieges wohl am stärksten von den neuen Grenzziehungen betroffen worden. Das Kerngebiet der Mark ist heute in die Bezirke Potsdam, Frankfurt und Cottbus aufgeteilt. Die Neumark und die ostbrandenburgischen Kreise gehören jetzt zur Volksrepublik Polen. Die Brandenburgisch-Mecklenburgische Seenplatte und die Uckermark fallen an den Bezirk Neubrandenburg, während das Elbegebiet und die Altmark zum Bezirk Magdeburg gehören.

Die Worte Theodor Fontanes, die er 1864 den Lesern und Wanderern seines Ruppin-Bandes mit auf den Weg gab, sind für die Jetzt-Zeit wie eine Vorahnung, wie ein Herübergreifen von der Vergangenheit in die Zukunft. Er schrieb damals: »*Wer in der Mark reisen will, der muß zunächst Liebe zu Land und Leuten mitbringen, mindestens keine Voreingenommenheit. Er muß den guten Willen haben, das Gute gut zu finden, anstatt es durch krittliche Vergleiche tot zu machen.*« Nach einigen Hinweisen auf den Komfort und die damaligen Preise in der Mark folgen die verheißenden Worte: »*Du wirst Klosterruinen begegnen, von deren Existenz höchstens die nächste Stadt eine leise Kenntnis hatte; Du wirst inmitten alter Dorfkirchen, deren zerbröckelter Schindelturm nur auf Elend deutete, große Wandbilder oder in den treppenlosen Grüften reiche Kupfersärge mit Kruzifix und vergoldeten Wappenschildern finden; Du wirst Schlachtfelder überschreiten, Wenden-Kirchhöfe, Heidengräber, von denen die Menschen nichts mehr wissen.*«

Die Mark Brandenburg ist ein Land der stillen Reize, lieblich und doch sehr abwechslungsreich. Es handelt sich nicht nur um ein ausgedehntes Sandgebiet, wie man zunächst vermuten möchte. Neben großen Nadelwäldern, wobei meist die heimische Kiefer überwiegt, finden wir überall tiefe Buchen- und Eichenwälder. Manche Höhenzüge haben ausgesprochenen Mittelgebirgscharakter. Und immer wieder wird die Landschaft von malerisch gelegenen Seen mit glasklarem Wasser unterbrochen: Es gibt in der Mark über 3000 kleine und große Seen, eine Tatsache, die kaum jemandem bekannt ist. Die Städtchen sind durchweg im 12. und 13. Jahrhundert entstanden. Trotz der Kriege, die darüber hinwegbrausten, bewahrten viele ihr mittelalterliches Aussehen. Die norddeutsche Backsteingotik ist hier vielerorts vertreten. Doch auch romanische Klöster und Kirchen, sowie beachtliche Bauten des Barock und die herrlichen Schöpfungen des preußischen Rokoko sind noch zu finden. In der Mark Brandenburg gibt es heute noch an die 100 Schlösser, besonders viele im Bezirk Potsdam. In fast jedem Ort, und sei es auch nur ein Dorf, finden wir die verschiedenen Arten der für diese Gegend so typischen Bauern- und Bürgerhäuser.

Man kann viele Klöster, Burgen und Schlösser besuchen, die man bisher nur dem Namen nach kannte. Eine Fahrt in den Spreewald oder in die wildreiche Schorfheide ist kürzer als eine Spritztour über die meist überfüllte Autobahn in die Bundesrepublik. Nehmen wir es doch wahr, dieses Angebot zu einem der letzten Abenteuer, welches wir uns finanziell und zeitlich alle leisten können: Eine Wanderung in der Mark Brandenburg. Laßt uns auf Fontanes Spuren wandeln und mit Rucksack, Wanderschuh und Spazierstock dieses für uns so völlig unbekannte Gebiet erforschen! Schon unmittelbar hinter der Stadtgrenze von Berlin findet man verträumte Dörfer und stille Ufer.

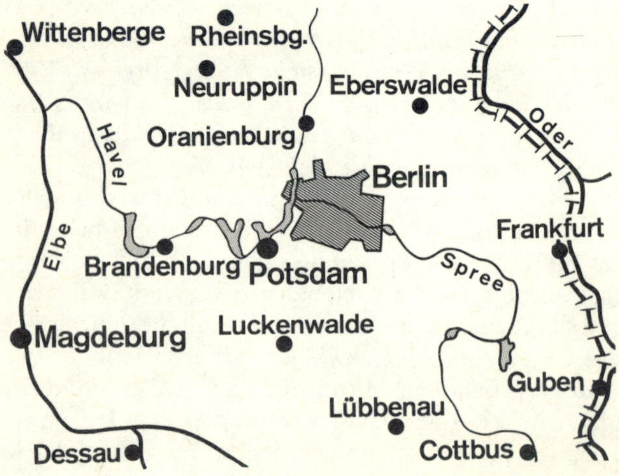

In den Tourenbeschreibungen wurden mit Absicht keine Restaurants, Gaststätten oder Imbiß-Kioske erwähnt, sondern es wurde davon ausgegangen, daß der Wanderer wie in *alter Burschen-Herrlichkeit* seine Verpflegung im Rucksack mit sich führt und sich einen entsprechend schönen *Jausenplatz* sucht um dort zünftig seine *Brotzeit* zu machen. In diesem Zusammenhang nun noch eine eindringliche Bitte an alle Naturfreunde: Nehmen Sie Ihr Stullenpapier, die Limonadebüchse und sonstigen Abfall wieder mit zurück! Gehen Sie mit gutem Beispiel voran, denn der Abfall macht noch nicht einmal ein Zehntel von dem Gewicht des Proviants aus, welches Sie gerne bis zum Rastplatz getragen haben.

Zur *Wanderausrüstung* wäre folgendes zu sagen: Ein Paar sehr feste, möglichst bis zum Knöchel reichende Wanderschuhe sind wohl eine Selbstverständlichkeit. In unserem Rucksack sollten wir neben dem Proviant einen Regenmantel oder -Umhang, einen Pullover, ein Paar Ersatzstrümpfe, eine Kopfbedeckung, eine Elastic-Binde und einige Kopfschmerztabletten haben. Ein kleineres Frottiertuch kann viele Aufgaben erfüllen. Im Sommer sollten wir eine Badehose, ein Sonnenschutzmittel und vor allem ein Mückenspray oder -Einreibemittel keinesfalls vergessen. In den Flußniederungen des Spreewalds zum Beispiel wird man sonst im wahrsten Sinne des Wortes von Insekten aufgefressen. Die Mitnahme eines *Kompasses* und die Fähigkeit diesen richtig zu handhaben, sind die Grundvoraussetzungen zum Gelingen einer jeden Wanderung. Wird während einer Tourenbeschreibung von *rechts* oder *links* gesprochen, so ist dies im Verlauf der bisherigen Marschrichtung zu verstehen. Neben den ungefähren Wegekilometern sind auch die Gehzeiten angegeben, die allerdings keine Zeiten für Pausen oder Besichtigungen enthalten.

Der Verlag hat sich die größte Mühe gegeben, die in dem Wanderbuch abgebildeten Wegeskizzen so genau wie nur irgend möglich zu gestalten, so daß ohne Schwierigkeit danach gelaufen werden kann.

In den Hauptausflugsgebieten, so zum Beispiel am Müggelsee, in der Märkischen Schweiz oder im Spreewald, muß man während des Sommers und besonders an Wochenenden mit wahren Touristenströmen rechnen. Auch ist das Auffinden eines Parkplatzes dann recht schwierig oder manchmal gar unmöglich. Für diese Gebiete hatte ich mir das Frühjahr oder den Spätherbst ausgesucht und war dann mehr oder weniger allein auf weiter Flur. Am Rand einiger großer Waldgebiete befinden sich Schilder, auf denen die Stufe der Waldbrandgefahr aufgeführt ist. Ab einer bestimmten, dort beschriebenen Stufe ist das Befahren und Betreten des Waldes bei Strafe verboten. Dies sollte man von vornherein bei einer Tourenplanung in einem heißen und trockenen Sommer wissen, um entsprechend ausweichen zu können.

Zum Schluß noch eine Bitte: Sollten Sie bei Ihren Wanderungen irgendwelche Veränderungen feststellen, besonders was den Wegeverlauf betrifft, so wären Verlag und Autor für eine entsprechende Mitteilung sehr dankbar.

Nun auf in das grandiose Abenteuer einer Wanderung in ein unbekanntes Land. Schnüren Sie *Wanderschuh und Ränzel*, nehmen Sie die wenigen Unbequemlichkeiten auf sich und die Natur wird all ihre Schönheiten vor Ihnen ausbreiten und Sie für alles entschädigen. Weitsichtig und hintergründig schrieb der alte Theodor Fontane mit einem Blick auf die bekannten Familiennamen der Mark Brandenburg, ein Land, welches er wie kein Zweiter vor ihm entdeckt und geliebt hatte: »*Es ist nicht nötig, daß die Stechline weiterleben, aber es lebe der Stechlin!*«

Albrecht von Hardenberg

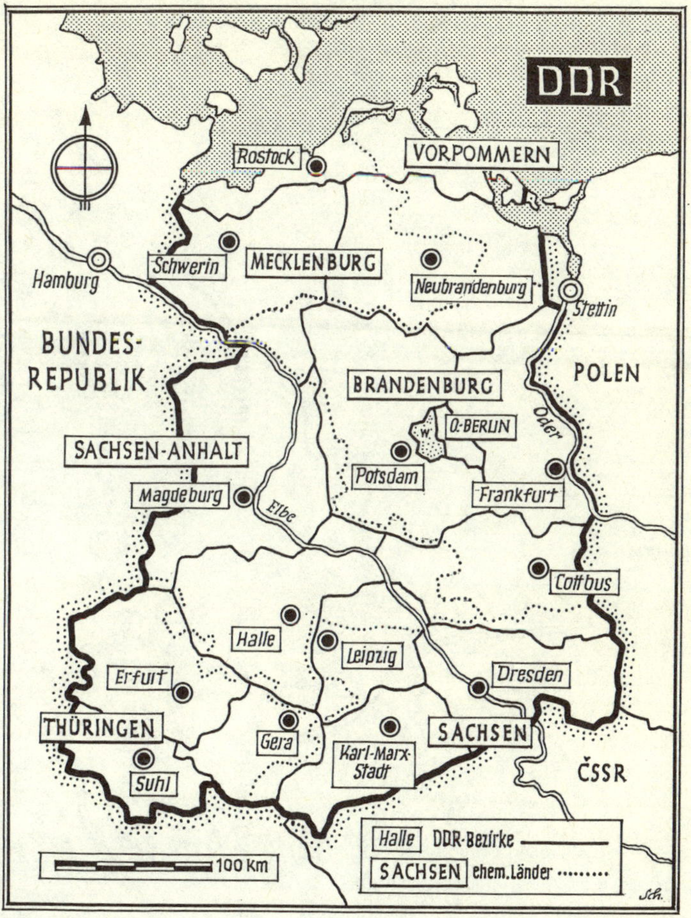

Die traditionellen Länder in der DDR: *Sachsen, Thüringen, Sachsen-Anhalt, Brandenburg, Mecklenburg* (Zeichnung: Karl Schulz).

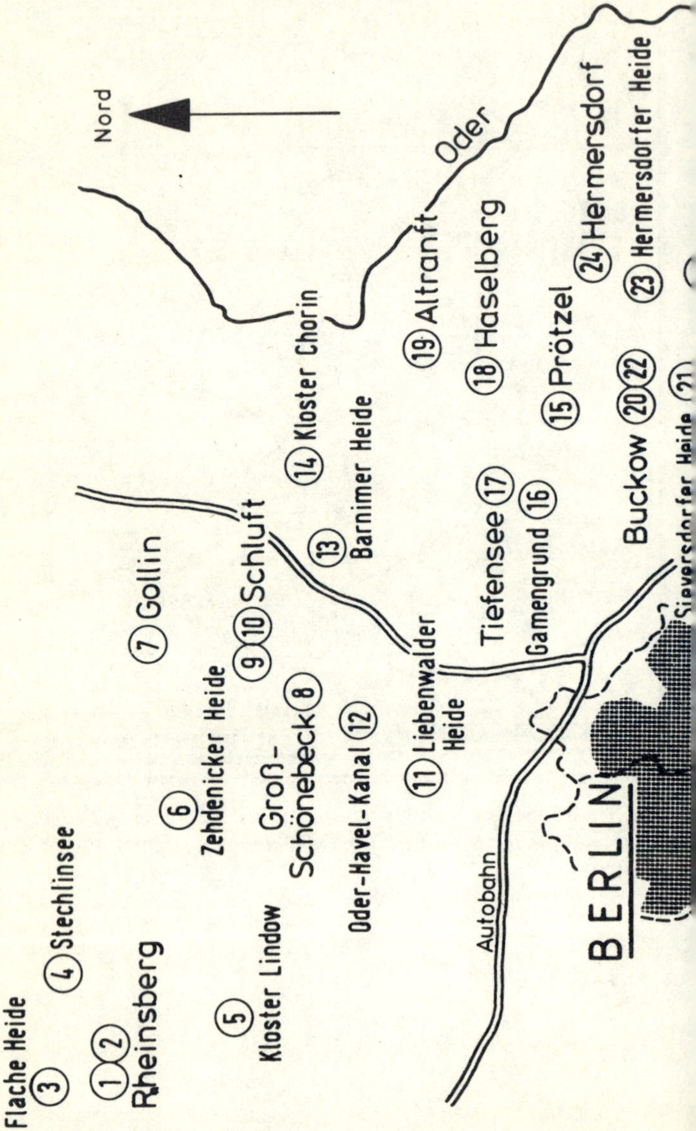
Nord
Oder
Flache Heide
3
1
2
Rheinsberg
4 Stechlinsee
5 Kloster Lindow
6 Zehdenicker Heide
7 Gollin
Groß-Schönebeck 8
9 10 Schluft
Oder-Havel-Kanal 12
11 Liebenwalder Heide
13 Barnimer Heide
14 Kloster Chorin
19 Altranft
18 Haselberg
Tiefensee 17
Gamengrund 16
15 Prötzel
Buckow 20 22
24 Hermersdorf
23 Hermersdorfer Heide
Autobahn
BERLIN

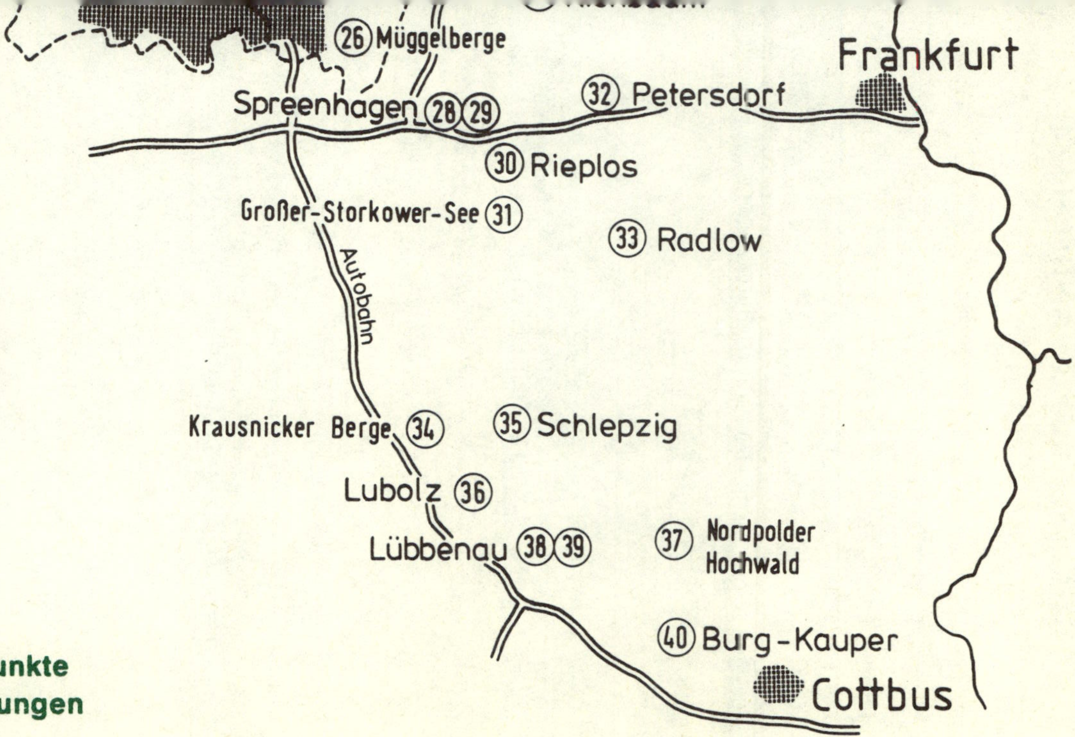

Ausgangspunkte der Wanderungen

RHEINSBERGER LANDSCHAFT

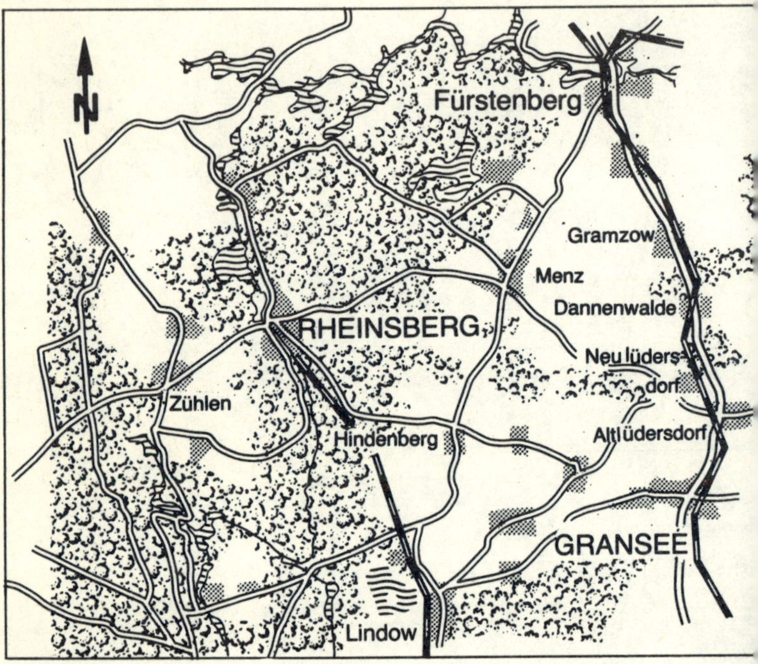

1 Von Rheinsberg in das Reiherholz

Weglänge 17 km.
Gehzeit 4½ Stunden.
DDR-Wanderkarte 1:50000 Rheinsberger Landschaft.
Entfernung von Berlin 114 km.
Grenzübergang Staaken.

Rheinsberg (Kreis Neuruppin) liegt nördlich von Neuruppin. Das Schloß Rheinsberg, weithin bekannt geworden durch den gleichnamigen Roman von Kurt Tucholsky, heute ein Diabetiker-Sanatorium, ist aus einer frühmittelalterlichen Wasserburg hervorgegangen. Nach einem Brand im Jahre 1566 ließ A. von Bredow einen Renaissancebau errichten. Im Jahre 1734 wurde das Schloß vom preußischen König für den Kronprinzen Friedrich, später Friedrich der Große, gekauft, der von 1736–1740 hier lebte. Der Architekt von Knobelsdorff führte die Um- und Ausbauten durch.

Wir parken unser Fahrzeug in der *Karl-Marx-Straße* und laufen die wenigen Meter zum *Schloß* zurück. Während das Schloß von innen nicht besichtigt werden kann, können wir aber im wunderschönen Schloßpark herumspazieren. Wir gehen in westlicher Richtung durch den Park, überschreiten den Rhin und halten uns anschließend ständig am Ufer des *Grienerick-Sees.* Nach Passieren des Forsthauses *Boberow* halten wir uns rechts und gelangen über einen *Camping-Platz* zum *Rheinsberger-See.* Wir marschieren am Seeufer mit teils herrlichen Ausblicken weiter bis wir auf einen zweiten Camping-Platz stoßen. Auf der nun querenden Straße wenden wir uns nach rechts, bei der dann folgenden Wegeteilung nach links. Vorbei an einigen Sommerhäuschen mit Blick auf den Großen Linowsee bummeln wir zum nahen Waldrand. Bei der dann folgenden Wegegabel bleiben wir rechts. Jetzt wandern wir auf einem sehr schönen Weg, teils durch schattigen Laubwald, teils durch grüne Wiesen mit prachtvollem Ausblick. Wir kommen an eine Wegespinne, in deren Mittelpunkt ein großer Stein mit Wegemarkierungen liegt. Nun noch etwa 500 Meter in der bisherigen Richtung weiter. Wir überqueren jetzt ein Bächlein, welches vom

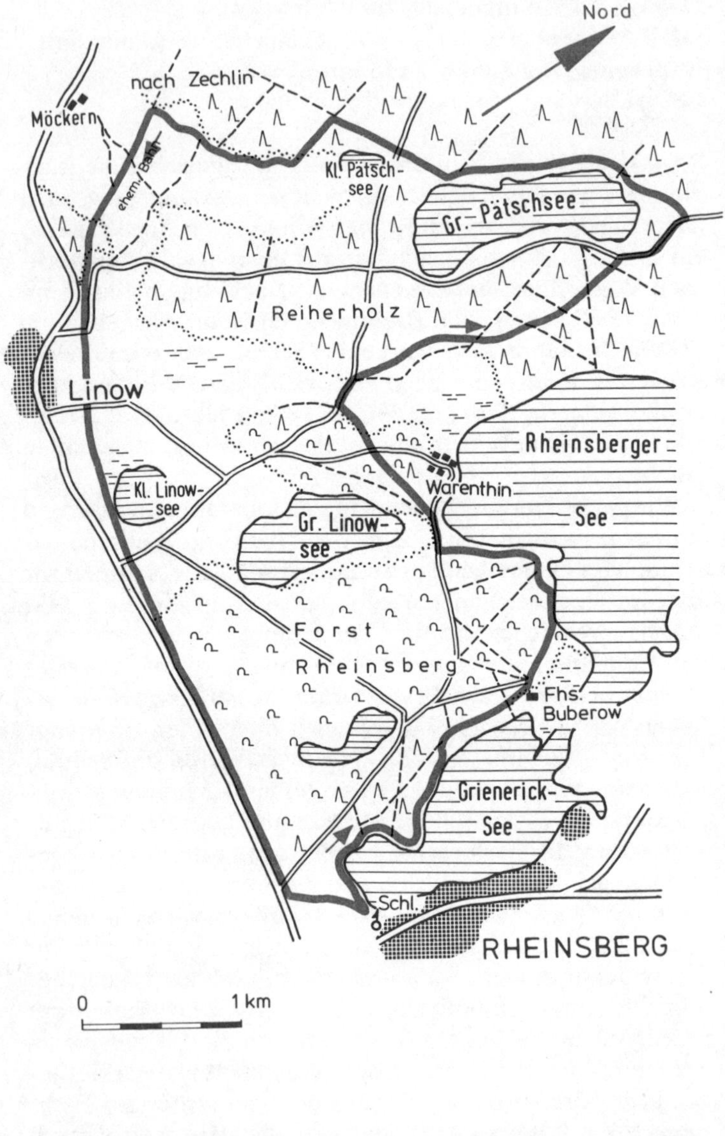
Nord
nach Zechlin
Möckern
ehem. Bahn
Kl. Pätsch-see
Gr. Pätschsee
Reiherholz
Linow
Rheinsberger See
Warenthin
Kl. Linow-see
Gr. Linow-see
Forst Rheinsberg
Fhs. Buberow
Grienerick-See
Schl.
RHEINSBERG
0
1 km

Sabinen-See in den Großen Pätschsee fließt. 300 Meter danach stoßen wir auf eine große Kreuzung. Wir sind jetzt im *Reiherholz* und haben die Hälfte unserer heutigen Wanderung hinter uns, etwa 2½ Stunden von Rheinsberg.

Wir wenden uns auf der Kreuzung nach links und bummeln in westliche Richtung. Nach etwa 500 Metern senkt sich unser Weg etwas und wir sehen links des Weges Sumpf. Jetzt steigt unsere Route leicht wieder an und wir sehen, oben angekommen, einen schmalen Weg links in den Wald führen, auf dem wir unsere Wanderung fortsetzen. Nach einiger Zeit kommen wir an einen Waldrand und unser Weg, der jetzt manchmal etwas schwer auszumachen ist, führt an diesem Waldrand entlang in südwestlicher Richtung. Jetzt taucht vor uns eine hohe Böschung auf, die wir hinaufkrabbeln. Es handelt sich um den Bahndamm der einstigen Linie Zechlin – Rheinsberg. Auf diesem Weg wenden wir uns nach links und laufen immer geradeaus in Richtung Süd-Süd-Ost. Einmal kommen wir dicht an die Fahrstraße von Zechlin nach Rheinsberg heran. Wir bleiben jedoch auf der Böschung. Kurz darauf kommen wir an den ersten Häusern von *Linow* vorbei, links liegt der hübschgelegene *Kleine Linowsee*. Nach einiger Zeit stoßen wir wieder auf die Straße von Zechlin nach Rheinsberg bei einer Brücke. Wir haben inzwischen die Böschung verlassen und laufen auf einem parallel verlaufenden Weg weiter. Wir überqueren die Straße und krabbeln da, wo unser bisheriger Weg endet wieder auf die Bahnböschung und weiter den Hang hinauf. Wir wandern oben weiter, kommen dann an einem Müllplatz vorbei, wenden uns hier nach links und laufen die wenigen Meter nach *Rheinsberg* hinunter. Hier gehen wir wieder durch den Schloßpark zu unserem Ausgangspunkt zurück.

2 Von Rheinsberg um den Wittwesee

Weglänge 17 km.
Gehzeit 4½ Stunden.
DDR-Wanderkarte 1:50000 Rheinsberger Landschaft.
Entfernung von Berlin 114 km.
Grenzübergang Staaken.

Wie bei der vorangegangenen Wanderung stellen wir unser Fahrzeug in *Rheinsberg* in der *Karl-Marx-Straße* ab und laufen auf dieser in Fahrtrichtung (Norden) weiter. Wir verlassen den Ort auf der *Zechlinerhütter Landstraße* und biegen dort, wo ein Wegweiser nach Wittwien zeigt, rechts von der Hauptstraße ab. Wir durchwandern immer in nördlicher Richtung die typisch märkische Kiefernlandschaft und erreichen nach etwa 1 Stunde die wenigen Häuser von *Wittwien*.

Nach der großen Feldscheune auf der rechten Seite unseres Weges biegen wir rechts in einen sehr breiten und sehr zerfahrenen Weg ein. Unten blinkt der malerisch gelegene *Haus-See*. Nach 500 Meter ab Wittwien zweigt der so schlechte Weg bei einer großen Kreuzung nach links ab, links liegen die ersten Häuser von *Beerenbusch*. Wir schlendern geradeaus weiter und überqueren bald eine Bahnlinie. Rechts sehen wir den Wittwe-See durch die Bäume schimmern. Nach einiger Zeit erreichen wir die Häuser des Ferienlagers *Feldgrieben*. Unser Weg wendet sich nach links und wir stoßen nach etwa 2 Kilometern auf eine große Wegespinne, die sehr gut ausgeschildert ist. Hier wenden wir uns scharf nach rechts und folgen dem Wegweiser nach Rheinsberg. Nach einer knappen Stunde treffen wir auf die Straße Rheinsberg – Menz, auf der wir für kurze Zeit weitermarschieren. Rechts liegen die Häuser von *Sellenwalde*. Nachdem die Straße einen Graben überquert hat, biegt links nach Süden ein breiter Waldweg ab, in den wir einschwenken. Hier stoßen wir bald auf die Markierung »*Grünes Dreieck*«, der wir fortan folgen. Nach etwa 2 Kilometern führt uns unser Weg an eine große Wiese und biegt vor dem Flüßchen *Döllmitz* rechtwinkelig nach rechts ab. Nun geradeaus weiter in Richtung West-Nord-West, wenig später über eine

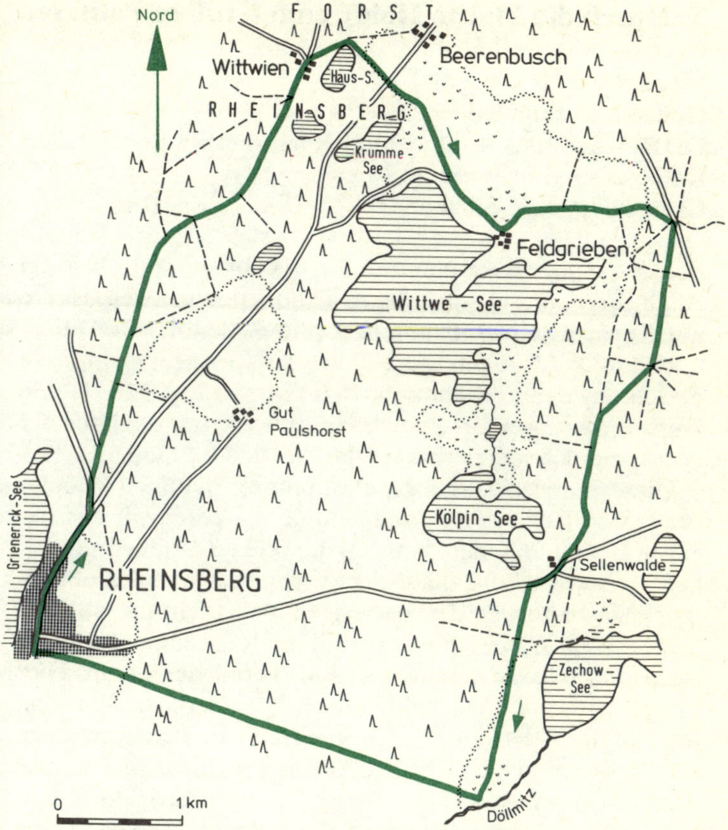

Bahnlinie und bald tauchen die ersten Häuser von *Rheinsberg* wieder auf. Auf der Fahrstraße wenden wir uns nach links und kommen an der Kirche vorbei bald zu unserem Parkplatz zurück.

3 Durch die Flache Heide zum Großen Pälitzsee

Weglänge 20 km.
Gehzeit 5 Stunden.
DDR-Wanderkarte 1:50000 Rheinsberger Landschaft.
Entfernung von Berlin 120 km.
Grenzübergang Staaken.

Zechlinerhütte (Kreis Neuruppin), 6 Kilometer nördlich von Rheinsberg, am Ostufer des *Schlabornsee*s gelegen, ist ein mit Recht beliebter Erholungs- und Ferienort. Der Holzreichtum der dortigen Gegend war ausschlaggebend für die Errichtung einer Glashütte in den Jahren 1736/37 (»Weiße Hütte«, heute der Ort Zechlinerhütte). Sie trat das Erbe der Potsdamer Kristallglasmanufaktur an und bestand bis 1890.

Dieser Ort ist Ausgangspunkt unserer heutigen Wanderung. Von Rheinsberg kommend durchqueren wir fast das ganze Dorf und finden dann auf der rechten Straßenseite einen großen Parkplatz, auf dem wir unser Fahrzeug abstellen. Wir laufen in der bisherigen Fahrtrichtung auf der Straße nach Canow etwa 1,5 Kilometer weiter. Bei einer scharfen Linkskurve schlendern wir geradeaus weiter. Hier finden wir einen Wegweiser nach Kleinzerlang. Wir sind jetzt an der Westseite der *Flachen Heide* in wunderschönen Laubwäldern. Nach Überqueren des *Hüttenkanals,* links unten erblicken wir eine kleine Schleuse für Sport- und Freizeitboote, erreichen wir das gepflegte, langgestreckte Markdörfchen *Kleinzerlang*. Wir sind jetzt 1 Stunde unterwegs.

Wir durchwandern den Ort und stoßen am Ende auf den *Kleinen Pälitzsee*, vor dem wir mit der Straße nach rechts umbiegen und wiederum den *Hüttenkanal* überqueren. Unmittelbar danach wendet sich die Straße nach links, wir schlendern jedoch geradeaus weiter in südöstliche Richtung, zunächst über Felder bis zum nahen Wald. Nach etwa 1 Kilometer ab Kleinzerlang treffen wir auf ein großes Wegekreuz mit Wegweisern. Hier biegen wir nach links um und stoßen bald darauf auf eine Fahrstraße, die uns in wenigen Minuten nach *Großzerlang* führt. Vom Ausgangspunkt sind wir nun knapp 2 Stunden entfernt.

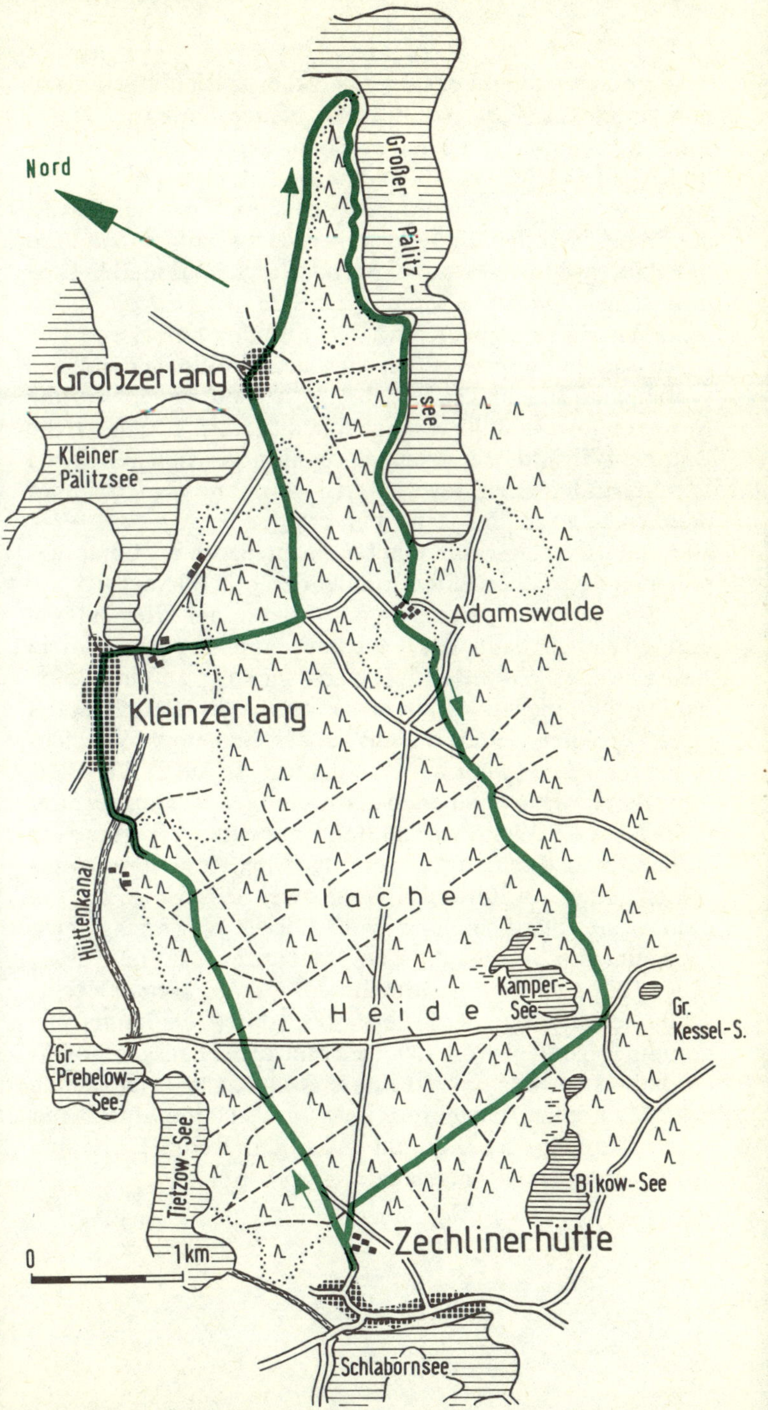

Nord
Großer Pälitz-see
Großzerlang
Kleiner Pälitzsee
Adamswalde
Kleinzerlang
Hüttenkanal
Flache Heide
Kamper-See
Gr. Kessel-S.
Gr. Prebelow-See
Tietzow-See
Bikow-See
Zechlinerhütte
0
1 km
Schlabornsee

Wir durchwandern das Dorf in östlicher Richtung und gehen geradeaus weiter, zu unserer rechten Seite den Waldrand, links haben wir einen prachtvollen Blick über Felder und Auen. Nach etwa 1,5 Kilometer trifft unser Weg rechtwinkelig auf einen Waldrand. Rechts und links gabelt sich der Weg. Wir laufen jedoch geradeaus auf einem Pfad hügelab, stoßen unten auf einen nach rechts führenden Weg und stehen in wenigen Minuten am Ufer des *Großen Pälitzsees*. Wir sind nunmehr etwa 2½ Stunden unterwegs.

Auf einem Fußpfad gehen wir an einem Wochenendhaus vorbei, laufen dann wieder hügelan. Unsere neue Richtung ist jetzt Südwest, links von uns schimmert der See durch die Bäume. Wir sind jetzt in einer Kolonie von schön gelegenen Wochenendhäusern. Jetzt müssen wir darauf achten immer möglichst nah am See zu bleiben. Bald senkt sich unser Weg zum See hinab, wir durchlaufen nacheinander 2 Campingplätze und genießen immer wieder den prächtigen Blick auf den See. So laufen wir etwa 45 Minuten am Ufer entlang und erreichen dann das Forsthaus und das Kurheim in *Adamswalde*. Wo unser Weg rechtwinkelig an eine Fahrstraße stößt, biegen wir auf dieser nach links um und laufen auf einer Allee weiter, die uns zunächst zu einer Waldlichtung und wenig später auf eine Fahrstraße führt. Wir überschreiten diese und laufen in der bisherigen Richtung weiter (Südsüdwest). Wenn wir auf den Zaun eines Pflanzgartens stoßen, biegen wir mit diesem nach halblinks um. Wenig später gehen von unserem Wege zwei Seitenwege ab. An dem rechten steht ein Sperrschild. Diesen Weg schlagen wir jetzt ein, die verschiedensten Baumarten erfreuen unser Auge. Wir sind wieder mitten in der *Flachen Heide*. Rechts schimmert das Blau des Kamper-Sees durch die Bäume. Bei der nun folgenden großen Wegegabel, die gut ausgeschildert ist, halten wir uns nach rechts und laufen in einer halben Stunde zu einem Wegekreuz kurz vor Zechlinerhütte. Hier schwenken wir nach links um und sind in wenigen Minuten am Ausgangspunkt angelangt.

4 Wanderung zum Stechlinsee

Weglänge 9 km.
Gehzeit Etwa 3 Stunden.
DDR-Wanderkarte 1:50000 Rheinsberger Landschaft.
Entfernung von Berlin 131 km.
Grenzübergang Staaken.

Der Große Stechlinsee ist mit 68 Meter der tiefste See der Mark Brandenburg. Bekannt sind die ungewöhnliche Sichttiefe und Klarheit des Wassers, allerdings ist der Boden steinig. Durch den Roman von Theodor Fontane (1819–1898) »Der Stechlin«, der in seinem letzten Lebensjahr entstand, wurde dieser See berühmter als jeder andere in der Mark. Einer alten Sage zufolge soll immer dann, wenn irgendwo auf der Welt eine Naturkatastrophe stattfindet, der »Rote Hahn« aus den Fluten des Sees auftauchen und in die Lande hineinkrähen. Heute weiß man, daß diese Erscheinung mit dem Seegrund und der Sonnenspiegelung zusammenhängt. In den Orten rund um den Stechlinsee findet man auch heute noch an vielen Häusern das Bildnis des »Roten Hahns«.

Ausgangspunkt für diese Wanderung ist *Neuglobsow* (Kreis Gransee), das bedeutendste Erholungs- und Kurzentrum des Rheinsberger Seengebietes. In der Mitte des Ortes sehen wir rechts das *Urlauberrestaurant Stechlin.* Unmittelbar dahinter liegt ein großer Parkplatz, auf dem wir unser Fahrzeug abstellen können. Wir gehen in Fahrtrichtung auf der *Stechlinsee-Straße* weiter. Am Ortsende, der *Stechlinsee* schimmert schon durch die Bäume, halten wir uns rechts, bei der dann folgenden Wegegabel gehen wir wiederum nach rechts etwas bergan auf den *Fenchelberg.* Nun immer weiter in nördliche Richtung. Nach etwa 30 Minuten ab Neuglobsow treffen wir auf eine Schutzhütte mit einigen Bänken darum. Von hier oben haben wir einen herrlichen Blick über den See.

Nach einer kurzen Rast setzen wir unsere Wanderung in der bisherigen Richtung fort. Nach einiger Zeit erblicken wir rechts unseres Weges einen eingezäunten Pflanzgarten, an dessen Ende wir halbrechts in einen Seitenweg einbiegen.

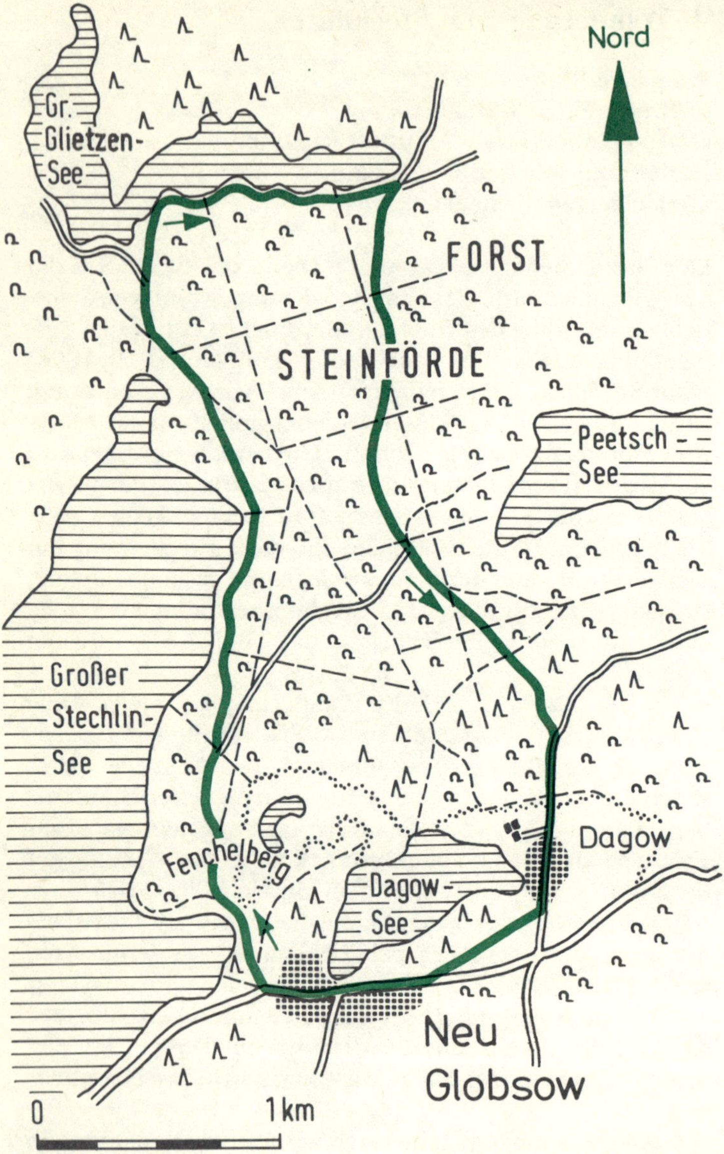

Nord
Gr. Glietzen-See
FORST
STEINFÖRDE
Peetsch-See
Großer Stechlin-See
Fenchelberg
Dagow
Dagow-See
Neu Globsow
0
1 km

Bei der dann folgenden Gabelung wenden wir uns wiederum nach rechts, behalten also die Nordrichtung bei. Nur noch wenige Schritte und wir sind am Ufer des verträumt gelegenen *Großen Glietzen-Sees* angekommen. Wir sind nun insgesamt eine gute Stunde unterwegs.

Für die nächsten 20 Minuten folgen wir dem Weg, der sich in Kurven und Windungen am Ufer des Sees entlangschlängelt. Wenn wir links das Ende des Sees erblicken können, trifft von rechts ein noch breiterer Weg in spitzem Winkel auf den unseren. Hier biegen wir scharf rechts um und bummeln in südliche Richtung weiter. Nun folgen wir diesem Weg stets nach Süden durch wunderschöne Buchenwälder. Unser nächstes Ziel heißt *Dagow*, ein niedliches und gepflegtes Dörfchen am *Dagow-See*, welches wir nach etwa einer 3/4 Stunde ab dem Großen Glietzen-See erreichen. Wir durchschreiten den Ort und biegen am Ende rechts in den *Schulsteig* ein. Jetzt weiter in südwestlicher Richtung an einer Waldwiese bis wir auf die Straße am Anfang von *Neuglobsow* stoßen. Von hier aus sind es nur noch wenige Meter bis zu dem Parkplatz.

5 Vom Kloster Lindow um den Wutzsee

Weglänge 9 km.
Gehzeit Etwa 2 Stunden.
Entfernung von Berlin 104 km.
Grenzübergang Staaken.

Das Städtchen *Lindow* (Kreis Neuruppin), malerisch eingebettet zwischen dem Gudelaksee, dem Wutzsee und dem Vielitzsee, liegt östlich von Neuruppin. In der Hauptstraße des Ortes finden wir, wenn wir auf der Straße 167 aus Neuruppin kommen, auf der rechten Seite nahe dem Ortsausgang auf dem *Platz der Einheit* genug Parkmöglichkeiten. Wir laufen wenige Schritte bis zu einer kleinen Anlage auf der Hauptstraße zurück und biegen dann links in die Straße *Kloster* ein, die uns nach wenigen Metern zum *Kloster Lindow* führt.

Das Zisterzienser-Nonnenkloster Lindow wurde vermutlich um 1225 zunächst an anderer Stelle gegründet. Es wurde 1638 von Soldaten niedergebrannt, so daß von den alten Gebäuden nur noch die Klausur-Ruine (Mauer eines Flügels), die Klosterschule und ein Scheunenbau erhalten sind. Das Kloster wurde in ein Stift für adelige Fräulein umgewandelt und bestand bis zum Kriegsende. Heute leben hier evangelische Schwestern des schlesischen Friedens-

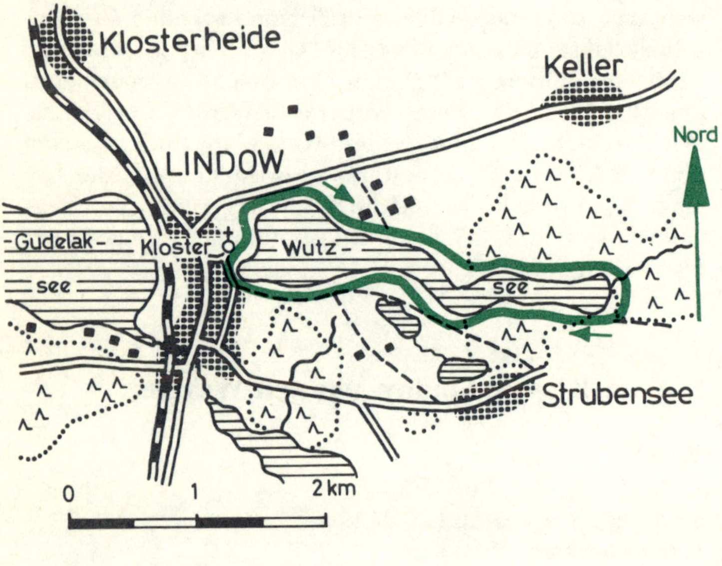

dienstes. Theodor Fontane schrieb über das Kloster: »Zwischen drei Seen wächst es auf und alte Linden nehmen es unter ihren Schatten.«

Wir gehen durch den Klostergarten zum nahen *Wutzsee* und schwenken hier nach links. Nun können wir eigentlich kaum mehr fehlgehen, denn unser Weg führt ständig am Wasser entlang. Mal gehen wir unten am Ufer, mal oben am Hang, stets jedoch können wir den wunderschönen Ausblick über den See genießen. Wir müssen bei einigen Gabelungen darauf achten immer möglichst nah am Wasser zu bleiben. Nach etwa 1¼ Stunden haben wir die Ostspitze des Sees erreicht und überschreiten auf einer Brücke einen kleinen Wasserlauf. Bei einer Holzhütte links neben unserem Weg zweigt rechts ein kaum sichtbarer Fußpfad ab, in den wir einschwenken. Ebenso wählen wir bei einer Gabelung an einer Bank den rechts nach unten führenden Weg. Im Laufe des Rückweges kommen wir nacheinander an drei Freibädern vorbei. Die Straße *Am Wutzsee* führt uns dann schließlich nach *Lindow* zurück und vorbei an der alten *Klostermühle* gelangen wir wieder durch den Klostergarten zu unserem Ausgangspunkt.

Bemerkung: Die Mitnahme einer Landkarte ist für diese Tour nicht erforderlich. Falls doch eine gewünscht wird, empfiehlt sich die Wanderkarte 1:50000 Rheinsberger Landschaft, die auch für alle bisherigen Wanderungen verwandt werden kann.

DIE SCHORFHEIDE

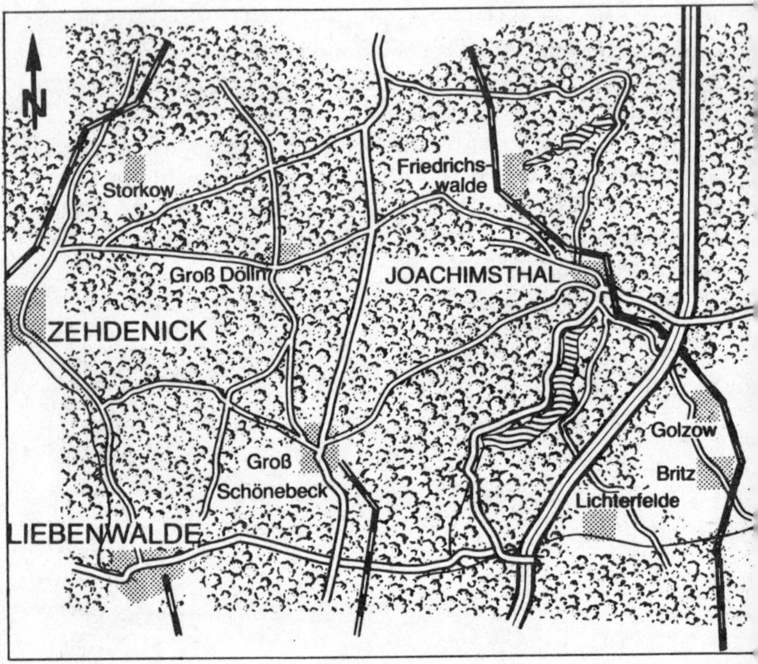

6 Durch die Zehdenicker Heide

Weglänge 12 km.
Gehzeit $3^1/_2$ Stunden.
Entfernung von Berlin 84 km.
Grenzübergang Bornholmer Straße.

Unsere heutige Rundwanderung beginnen wir in dem kleinen Dorf *Vogelsang* (Kreis Gransee), das etwa 8 Kilometer nördlich von Zehdenick und am Rande der Schorfheide liegt. Am Anfang des Ortes liegt auf der rechten Straßenseite das *Ferienheim Haus Waldeck*. Hier können wir unser Fahrzeug abstellen.

Wir wenden uns nach rechts und laufen auf dem in östliche Richtung führenden breiten Weg bis zum nahen Waldrand. An der Gabelung, die gut ausgeschildert ist, wählen wir den nach rechts verlaufenden Weg mit dem Wegweiser »Deutschboden«. Jetzt bummeln wir fast geradeaus durch schöne Kiefern- und später Mischwälder, nunmehr in südöstlicher Richtung. Links sehen wir in den Feldern gelegen das Dörfchen Steinfeld. Nach etwa 40 Minuten beschaulichen Wanderns erreichen wir die *Försterei Deutschboden*. Kurz davor müssen wir auf einem querenden Weg rechtwinkelig nach links umbiegen. Nach etwa 1 Kilometer in ost-nord-östlicher Richtung erreichen wir das *Anwesen Deutschboden*. Etwa 100 Meter dahinter entdecken wir auf der linken Seite einen verschlafenen, kleinen Friedhof. Unmittelbar davor wenden wir uns nach links und schlendern jetzt nach Norden, rechts den so typischen Wald der Schorfheide und links den weiten Blick über die Felder. Etwa 30 Minuten ab Deutschboden treffen wir auf den einsam gelegenen *Moritzhof*. Hier etwa sollten wir eine Rast einlegen, denn wir haben die Hälfte des Weges hinter uns und kommen nun sehr bald in die offene Feldmark hinaus.

Kurz hinter dem *Moritzhof* wenden wir uns auf einem Querweg links nach Norden, verlassen den Wald und marschieren in 30 Minuten auf einem Weg durch die Felder nach *Storkow*. In der Mitte des Dorfes biegen wir nach links um und verlassen in westlicher Richtung den Ort. Bei einer Wegegabel am Ortsende halten wir uns nach rechts und we-

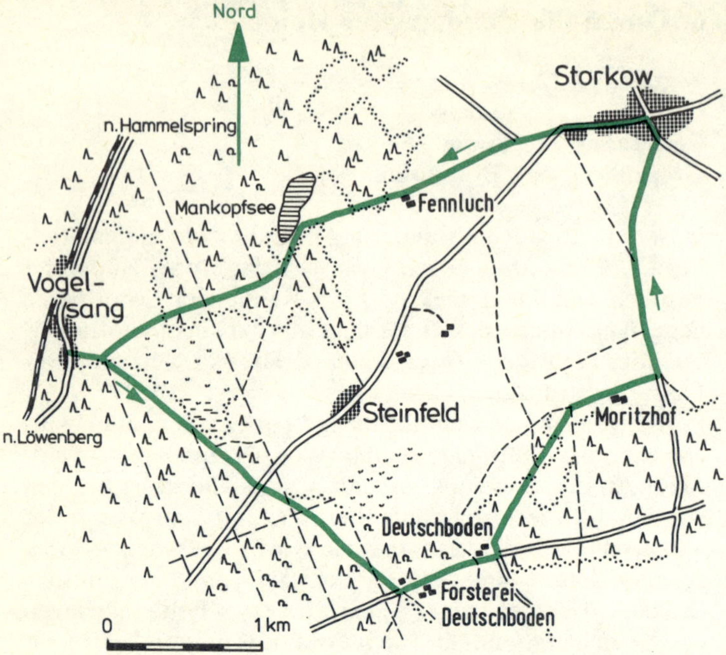

nig später bei einer zweiten links. Nach etwa 2 Kilometern erblicken wir links die wenigen Häuser des *Fennluchs*. Nun nimmt uns wieder der Wald auf und nach etwa 20 Minuten sehen wir rechts des Weges den lieblich gelegenen *Mankopfsee.* Hier haben wir Badegelegenheit. Von hier aus gehen wir zunächst nach Süden, schwenken aber schon wenig später nach Südwesten um und erreichen nach einer knappen halben Stunde die Gabelung, die wir vom Herweg kennen. Jetzt wenige Meter nach rechts und wir sind wieder am Parkplatz angelangt.

7 Von Gollin zum Bebersee

Weglänge 14 km.
Gehzeit 4 Stunden.
Entfernung von Berlin 78 km.
Grenzübergang Bornholmer Straße.

Gollin (Kreis Templin) liegt an der Straße 109 nördlich von Groß-Schönebeck. Um die Dorfkirche herum haben wir genügend Parkmöglichkeiten.

Wir laufen auf der Straße 109 etwa 250 Meter zurück in Richtung Groß-Schönebeck und biegen dann halblinks nach Südost in einen Feldweg ein. Vor uns sehen wir den Zaun eines Wildgeheges, durch dessen Tor wir eintreten (Tür wieder schließen!). Wir laufen nun auf einem sehr schönen, fast schnurgeraden Waldweg und können, wenn wir uns ganz ruhig verhalten, viel Wild sehen. Etwa 1 Stunde nach unserem Aufbruch stoßen wir an eine große Wegespinne, in deren Mittelpunkt einige Eichen mit einem großen Wegestein stehen.

Jetzt biegen wir scharf rechtsum und laufen auf einem Waldweg nach West-Süd-West. Nun immer geradeaus weiter. Wenn wir vor uns wieder den Zaun des Wildgatters sehen, müssen wir auf der rechten Seite unseres Weges auf den *Jagenstein* 85–86–118–119 achten. Hier schwenken wir rechtwinkelig nach links um und schlendern in süd-süd-östlicher Richtung weiter. Nach etwa 1,2 Kilometer treffen wir auf einen von schräg links kommenden Waldweg, (einige sehr hohe Kiefern hinter doppelmannshohem Unterholz!), in den wir rechts einbiegen. Jetzt geradeaus bis wir auf einen Jägerzaun stoßen, dann zwangsläufig nach halbrechts und wieder durch den Zaun des Wildgatters. An einigen Häusern vorbei gelangen wir schnell zur Straße 109. Auf dieser wenden wir uns nach rechts, Richtung Gollin, und laufen auf ihr etwa 1 Kilometer. Wenn wir rechts der Straße den *Jagenstein* 51–52–86–87 sehen, biegen wir nach links auf einen Waldweg ab und bummeln in west-süd-westlicher Richtung weiter. Nach ungefähr 500 Metern biegen wir in den zweiten Weg ab Straße 109 rechts ein. Bald haben wir das schmucke Markdörfchen *Bebersee* erreicht. Wir durchwan-

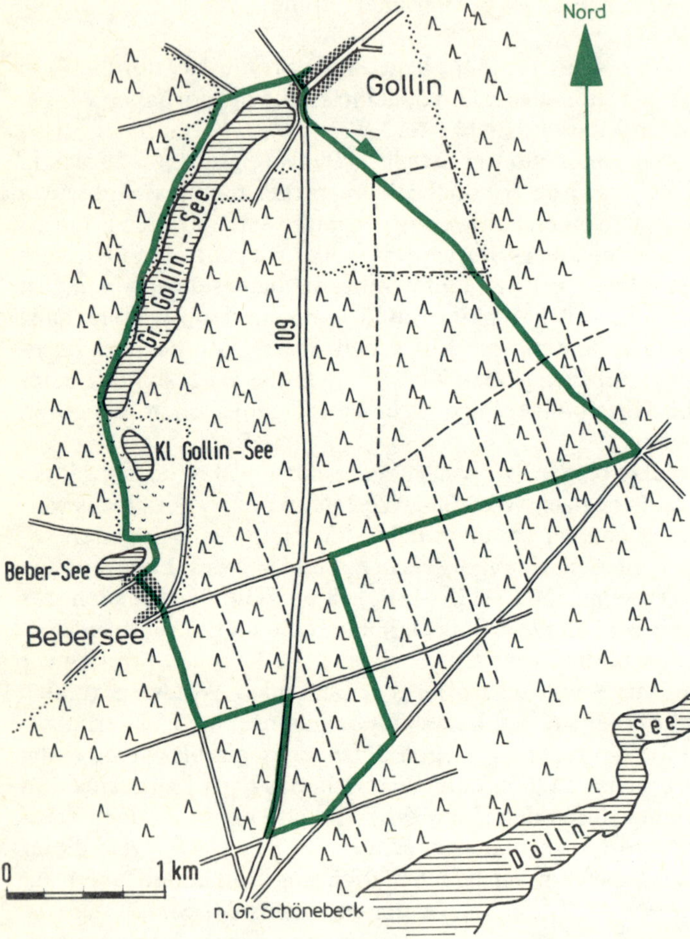

Nord
Gollin
Gr. Gollin - See
109
Kl. Gollin-See
Beber-See
Bebersee
Döllń - See
0
1 km
n. Gr. Schönebeck

dern das Dorf in der bisherigen Richtung und sehen am Ende unter uns den malerisch gelegenen Bebersee. Am Ortsende wenden wir uns nach rechts und kommen bald darauf an einer halb-zerfallenen Feldscheune vorbei. Dahinter nach links bis zum nahegelegenen Waldrand. Nun schwenken wir nach rechts ein und schlendern in nördlicher Richtung erst am *Kleinen Gollin-See* und wenig später am *Großen Gollin-See* entlang. Zu unserer Linken beginnt ein für uns nicht sichtbarer Flugplatz. Jetzt wendet sich unsere Route vom See ab. Auf den nun querenden Wegen halten wir uns stets etwas rechts, marschieren durch ein Wiesental und gelangen bald wieder nach *Gollin* zurück.

8 Von Groß-Schönebeck zum Werbellinsee

Weglänge 22 km.
Gehzeit Etwa 5 Stunden.
Entfernung von Berlin 61 km.
Grenzübergang Bornholmer Straße.

Groß-Schönebeck (Kreis Bernau) liegt an der Straße 109 im Norden von Berlin. An der evangelischen Pfarrkirche, einem Frühbarockbau mit frühgotischem Kirchturm, finden wir ausreichend Parkmöglichkeit. Ein Steinwurf südwestlich davon liegt das barocke Jagdschloß aus dem Jahre 1660, heute Sitz der Forstverwaltung.

Vom Parkplatz aus gehen wir auf der Straße 109 in nördlicher Richtung. Nach etwa 600 Metern zweigt die *Joachimsthaler Straße* halbrechts ab, in die wir einbiegen. Auf einem gepflasterten Sträßchen verlassen wir das Dorf. Zunächst durch Wiesen und Felder wandernd, erreichen wir bald den Wald. Wir durchlaufen ein Wildgatter und treffen kurz darauf auf ein Forsthaus. Unsere Pflasterstraße führt uns immer tiefer in die *Schorfheide* hinein. Der aufmerksame und stille Wanderer kann sich an Rot-, Dam-, Schwarz- und Rehwild erfreuen, denn in kaum einem Gebiet Deutschlands gibt es so reichhaltige Wildbestände.

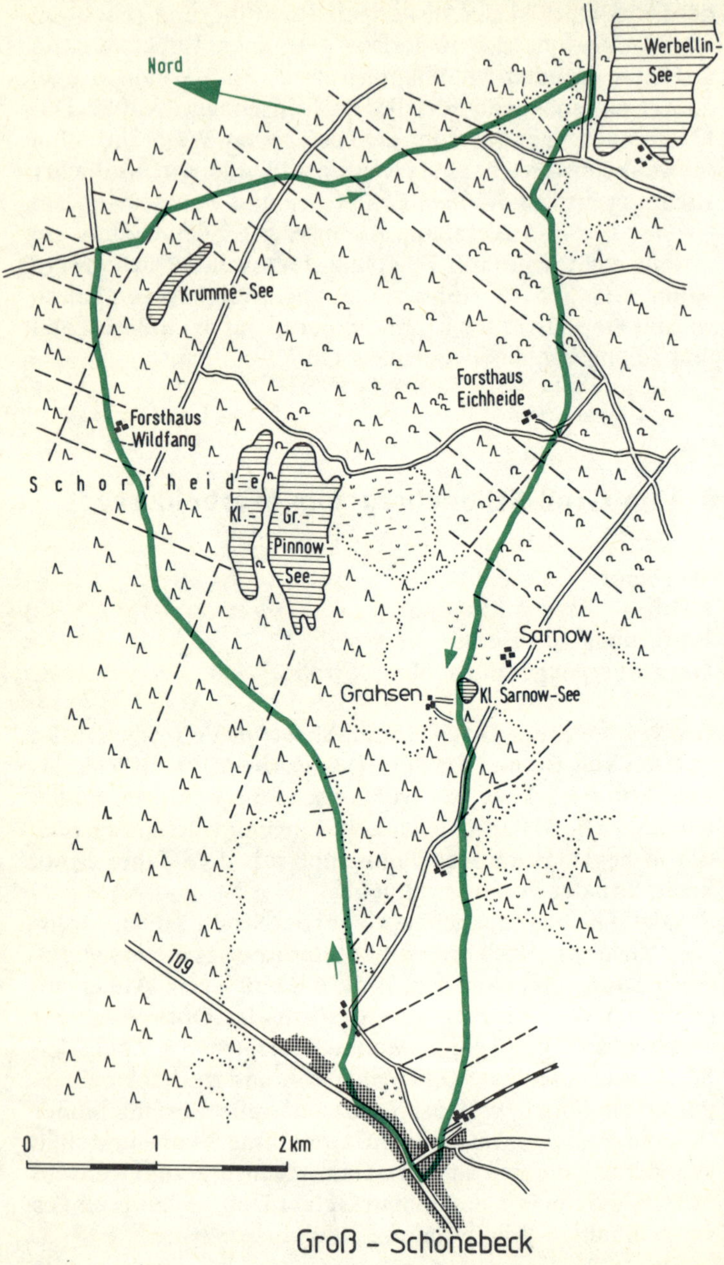
Nord
Werbellin-See
Krumme-See
Forsthaus Eichheide
Forsthaus Wildfang
S c h o r f h e i d e
Kl. Pinnow-See
Gr. Pinnow-See
Sarnow
Grahsen
Kl. Sarnow-See
109
0
1
2 km
Groß - Schönebeck

Wir erreichen als nächstes das einsam und malerisch gelegene *Forsthaus Wildfang,* 1½ Stunden von Groß-Schönebeck. Nach weiteren 20 Minuten auf unserer Straße kommen wir an ein großes Wegekreuz, bei dem wir auf einen ebenfalls gepflasterten Weg stoßen. An der Kreuzung sehen wir einen mannshohen, sehr alten Wegweiser aus Stein. Wir machen jetzt rechtsum und marschieren in süd-süd-östlicher Richtung weiter. Bei der dann folgenden Wegespinne mit einem doppelberingten Pfahl laufen wir in der bisherigen Richtung weiter. Bald taucht rechts des Weges eine große Wildsuhle auf. Etwa 1 Stunde nach Verlassen des Wegekreuzes stoßen wir auf die Straße 198 und sehen dahinter den Werbellinsee. Mit einer Sichttiefe bis zu 7 Metern zählt der 45 Meter tiefe See zu den klarsten Badeseen der Mark Brandenburg.

Auf der Straße 198 laufen wir nur etwa 300 Meter nach rechts in westliche Richtung. Dann schwenken wir wiederum rechts in einen Holzabfuhrweg ein, der uns bald am Rande eines eingezäunten Feldes entlangführt. Vor uns taucht wieder ein Wildgatter auf, in welches wir durch die gerade vor uns liegende Pforte (nicht die rechterhand!) eintreten. Nach wenigen Metern trifft unser Weg auf einen breiteren, von rechts kommenden Waldweg, auf dem wir linkswendend unsere Wanderung fortsetzen. Links unten taucht eine für das Wild angelegte Wiese auf. Der Weg macht eine scharfe Linkskurve. Rechts sehen wir einen halbumgestürzten, steinernen Wegweiser. Genau hier zweigt ein schmaler und wenig genutzter Waldweg rechts ab, dem wir in süd-westlicher Richtung folgen. Wenig später taucht rechts das *Forsthaus Eichheide* auf, zu dem wir jedoch nicht ganz gelangen. Wir kreuzen einen breiteren Weg und behalten unsere Richtung bei. Am Waldrand verlassen wir wiederum durch ein Tor, welches wir gut verschließen, das Wildgehege. Nun geht es weiter über freies Feld. Links tauchen die Gebäude des Anwesens *Sarnow* auf und etwas später sehen wir links unseres Weges den fast zugewachsenen *Kleinen-Sarnow-See*. Weiter geht es durch den Wald bis wir auf die asphaltierte Straße Eichhorst – Groß-Schönebeck stoßen. Auf dieser schlendern wir rechtsschwenkend Richtung West in einer ¾ Stunde zum Ausgangspunkt zurück.

9 Von Schluft nach Liebenthal

Weglänge 14 km.
Gehzeit $3^1/_2$ Stunden.
Entfernung von Berlin 67 km.
Grenzübergang Bornholmer Straße.

Das Dörfchen *Schluft* liegt im Norden von Berlin. Wir fahren auf der Straße 109 bis Groß-Schönebeck und biegen dort links von der Hauptstraße ab. Nach weiteren 5 Kilometern gelangen wir nach Schluft, mitten in der Schorfheide gelegen. Dies ist der Ausgangspunkt unserer heutigen Wanderung. Am Ortseingang finden wir genügend Parkraum.

Wir gehen auf der Straße nach Groß-Schönebeck etwa 1 Kilometer zurück. Wo die Straße zum erstenmal eine Linksbiegung macht, verlassen wir sie und schwenken rechts in einen breiten Waldweg in Richtung Süden ein. Nach kurzer Zeit stoßen wir an eine Kreuzung. Hier wenden wir uns nach rechts und bummeln in west-süd-westlicher Richtung bis zur *Revierförsterei Prötze*, 1 Stunde vom Ausgangspunkt.

Wir laufen an der Försterei vorbei; links liegt der *Große Berg,* ein niedriger Hügel mit einem sehr großen Feld darauf. Auf der rechten Seite fängt der Laubwald an. Hier beginnt ein herrliches Wildreservat mit Rot-, Dam- und Rehwild. Auch das in unseren Breiten fast ausgestorbene Muffelwild kann hier noch beobachtet werden. Allerdings sind äußerste Ruhe und leises Laufen unerläßlich, wenn wir uns nicht selbst um dieses herrliche Erlebnis bringen wollen. Ob wir nun geradeaus weiterlaufen oder in einen Weg rechts oder links einbiegen, bleibt jedem überlassen. Das Areal ist nach 3 Seiten durch ein hohes Gatter abgeschlossen, so daß wir auf jeden Fall wieder zur *Försterei Prötze* zurücklaufen müssen. Wir sind jetzt etwa 2 Stunden unterwegs.

Vom Forsthaus aus gehen wir etwa 300 Meter auf der Straße zurück, auf der wir hergekommen sind. Wir treffen auf ein großes Wegekreuz mit einem Schild, auf welchem auf die nächste Waldbrandmeldestelle hingewiesen wird. Hier wenden wir uns nach rechts und marschieren in südöstlicher Richtung weiter. Bei der nun folgenden Wegegabel

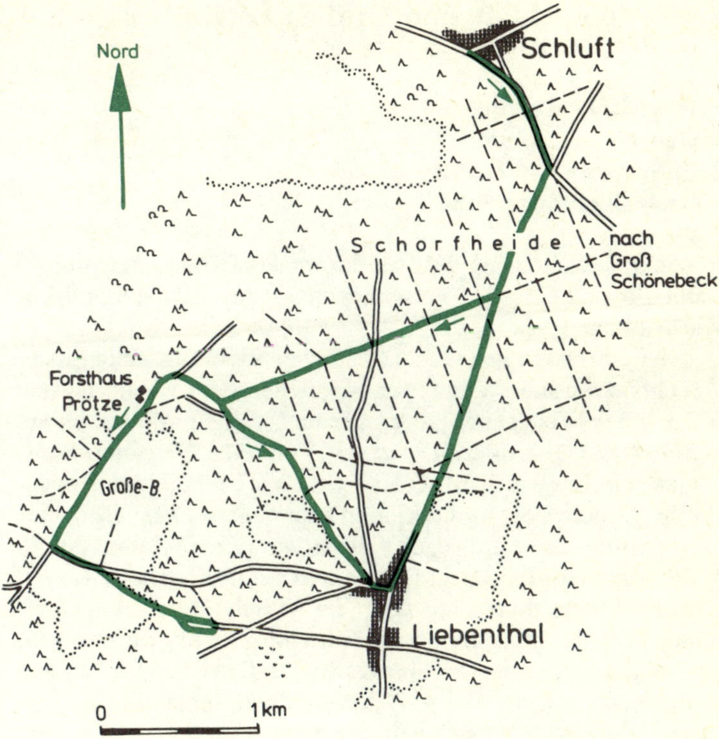

halten wir uns rechts. Jetzt taucht vor uns ein Wildgatter auf, dessen Tor wir hinter uns sorgsam wieder verschließen. Auf einem Feldweg gelangen wir in das Dorf *Liebenthal,* gehen links zur Hauptstraße und wenden uns auf dieser wiederum nach links.

Auf einem schmalen, wenig befahrenen Teersträßchen schlendern wir in nördlicher Richtung weiter. Wo die Straße eine Rechtsbiegung macht, laufen wir geradeaus weiter. Jetzt ist unser Weg wieder unbefestigt und wir treffen bald darauf wieder auf die Straße Groß-Schönebeck – Schluft. Nun linksum und in 15 Minuten zum Ausgangspunkt zurück.

10 Von Schluft zum Großen Lotzin-See

Weglänge 21 km.
Gehzeit 5 Stunden.
Entfernung von Berlin 67 km.
Grenzübergang Bornholmer Straße.

Wie bei Wanderung 9 ist wiederum das Dörfchen *Schluft* in der Schorfheide der Ausgangspunkt der nachstehend beschriebenen Wanderung.

Wir verlassen den Ort in westlicher Richtung. Bald taucht rechts ein hohes Wildgatter auf, neben dem wir herlaufen. Bei einer Wegegabel halten wir uns rechts und bleiben am Zaun. Wir überqueren jetzt das *Trämmer-Fließ* und kommen anschließend auf freies Feld. Wir bummeln auf unserem Wege weiter und kommen zum *Faulen Fließ*. Bei einer Kreuzung der Feldwege wählen wir den rechten, der in Richtung Norden verläuft, wandern auf ihm bis nach *Kappe*, einem blitzsauberen Dörfchen im typisch märkischen Dorfstil. Vom Ausgangspunkt sind wir eine gute Stunde entfernt.

Wir durchlaufen das langgestreckte Dorf und treffen wenig später auf die *Försterei Kappe,* links führt eine Brücke über das *Dölln-Fließ*. Auf der Kreuzung folgen wir dem Wegweiser nach Kurtschlag und biegen nach rechts ein. Bald sind wir wieder im Wildgehege. Auf dem wenig befahrenen Sträßchen schlendern wir in östliche Richtung und schwenken später nach Norden um. Etwa 1 Stunde nach Verlassen von Kappe stoßen wir auf die *Försterei Kurtschlag.* Rechts sehen wir den *Jagenstein* 39–40–57–58. Hier biegen wir nach rechts um und laufen in nord-östlicher Richtung auf einem Jagenweg weiter. Überall treffen wir auf Trittsiegel von Wild. Wir gelangen an das Ende des Wildgeheges und achten darauf, das Tor wieder sorgsam zu verschließen. Der Waldweg biegt jetzt leicht nach Osten um und wir marschieren auf ihm neben dem Zaun weiter. Dann wendet sich der Weg vom Zaun weg und trifft mit einem anderen Waldweg zusammen. Hier halten wir uns rechts und gelangen dann auf die Straße Groß Dölln – Groß-Schönebeck.

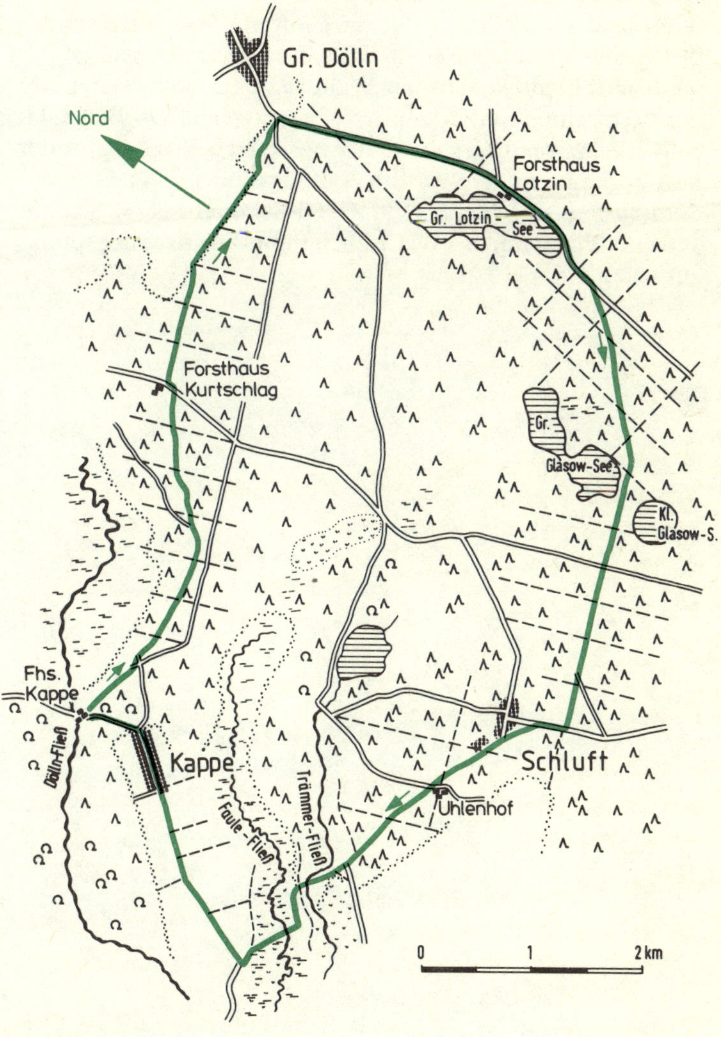
Gr. Dölln
Nord
Forsthaus
Lotzin
Gr. Lotzin-See
Forsthaus
Kurtschlag
Gr.
Glasow-See
Kl.
Glasow-S.
Fhs.
Kappe
Dölln-Fließ
Kappe
Faule-Fließ
Trämmer-Fließ
Schluft
Uhlenhof
0
1
2 km

Hier machen wir rechtsum und laufen auf der Sraße in südliche Richtung. Rechts taucht das *Forsthaus Lotzin* auf und nur wenig später sehen wir auf der gleichen Seite den *Großen Lotzin-See* durch die Bäume schimmern. Etwa 300 Meter hinter dem südlichen Ende des Sees verlassen wir die Straße und biegen halbrechts in einen in Richtung Südwest verlaufenden, breiten Waldweg ein. Dann sehen wir auf der rechten Seite den idyllisch gelegenen Großen-Glasow-See. Wir laufen stets in der bisherigen Richtung weiter und kommen nach etwa 2 Kilometern nach dem Großen-Glasow-See auf die Straße Groß-Schönebeck – Schluft. Jetzt rechtsum und in etwa 10 Minuten zum Ausgangspunkt zurück.

EBERSWALDER UR-STROMTAL

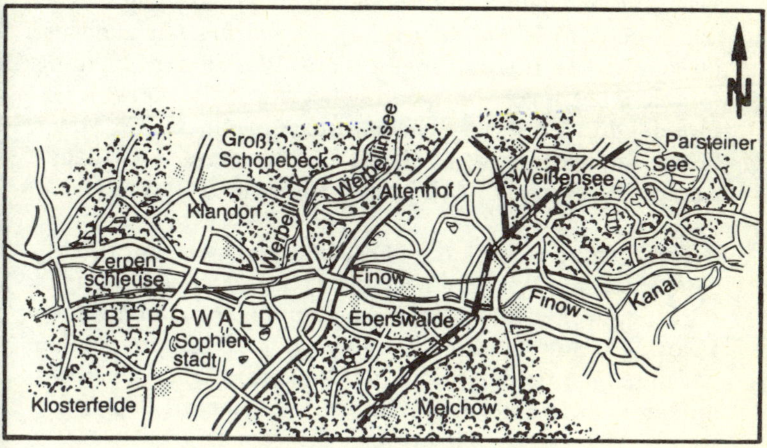

11 Durch die Liebenwalder Heide

Weglänge 17 km.
Gehzeit 4 Stunden.
Entfernung von Berlin 50 km.
Grenzübergang Bornholmer Straße.

Der Ausgangspunkt unserer heutigen Wanderung ist das märkische Dörfchen *Zehlendorf,* in welches wir zunächst auf der Straße 109 und später hinter Wandlitz in Richtung Oranienburg links abbiegend gelangen. *Zehlendorf* (Kreis Oranienburg) hat als Sehenswürdigkeit einen 356 Meter hohen Stahlgittermast als Sendeturm für den Deutschlandsender. 1966 war er das höchste technische Bauwerk Europas.

Rund um die Dorfkirche herum können wir unser Fahrzeug abstellen. Wir laufen wenige Schritte in der bisherigen Richtung weiter und biegen dann auf einem unbefestigten Feldweg rechts ab, also nach Norden. In 20 Minuten laufen wir durch die Feldmark bis zum Waldrand. Hier sehen wir auf der rechten Seite einige Gebäude an einem Teich. Diese waren früher eine Außenstelle des Konzentrationslagers Sachsenhausen. Hier wurde von den Häftlingen Ton gestochen.

Jetzt umfängt uns sehr schöner Laubwald. Wir schlendern in der bisherigen Richtung weiter und überqueren hin und wieder einen kleinen Kanal. Die verschiedensten Baumbestände wechseln einander ab. Etwa eine 3/4 Stunde ab Waldrand sehen wir rechts eine große Schonung. Auffallend ist im Hintergrund ein hoher, aus Holz gebauter topographischer Punkt. Hier gabelt sich unser Weg, wir wählen den linken, der kurz darauf in einen breiteren Waldweg einmündet. Unsere neue Richtung ist jetzt Nordwest. Nur wenig später erreichen wir das Bungalow-Dörfchen *Wittenberg.* Wir sind jetzt knapp 1 1/2 Stunden unterwegs.

Wenn unser Weg an einem Grundstück endet, wenden wir uns nach rechts und laufen jetzt in nord-östlicher Richtung weiter. Auf diesem Weg wandern wir etwa 30 Minuten lang und treffen dann auf eine große Kreuzung. Hier biegen wir nach rechts um in einen mit einem Sperrzeichen verse-

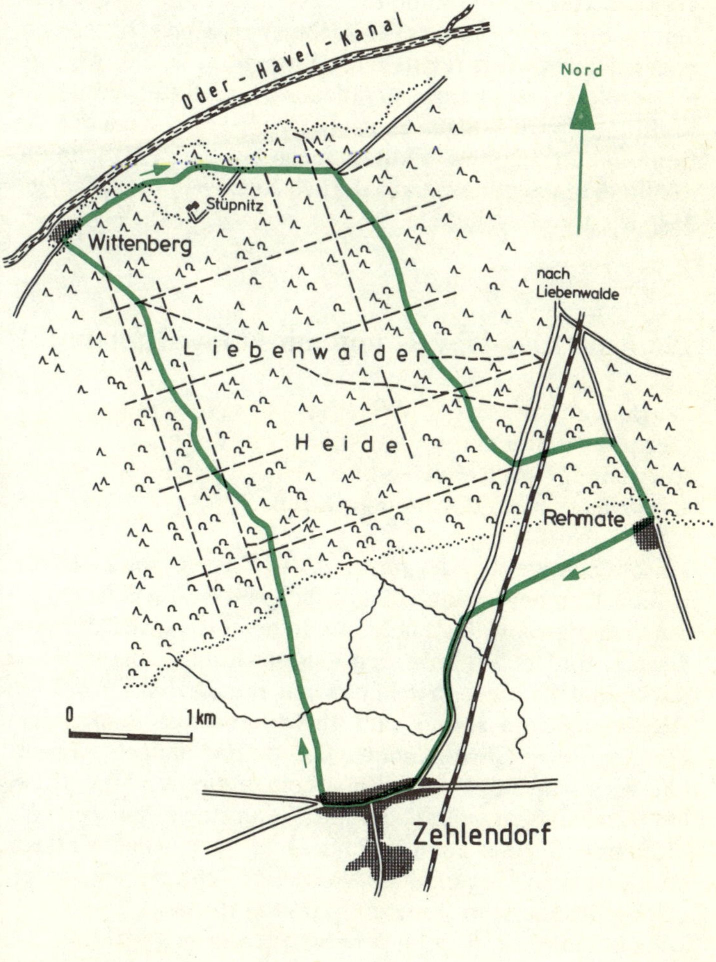
Oder-Havel-Kanal
Nord
Stüpnitz
Wittenberg
nach Liebenwalde
Liebenwalder Heide
Rehmate
0
1 km
Zehlendorf

henen, sehr breiten Waldweg. Auf diesem wandern wir in süd-östlicher Richtung in einer 3/4 Stunde bis zur Straße Wensickendorf – Liebenwalde. Wir überqueren diese, laufen ein paar Schritte nach links und biegen dann sofort wieder rechts in einen Jagenweg ein. Nach wenigen Minuten überschreiten wir eine Bahnlinie und treffen bald danach auf eine von links kommende Teerstraße. Auf dieser jetzt halbrechts weiter bis zum Dörfchen *Rehmate.* Hinter dem ersten Haus zweigt rechts ein Feldweg ab, in den wir einschwenken. Jetzt immer geradeaus in west-süd-westlicher Richtung. Nach einiger Zeit überschreiten wir wieder die Bahnlinie und kommen kurz danach auf eine Straße in die wir links einbiegen und auf der wir in 20 Minuten *Zehlendorf* wieder erreichen.

12 Am Oder-Havel- und am Finow-Kanal

Weglänge 21 km.
Gehzeit 5 Stunden.
Entfernung von Berlin 54 km.
Grenzübergang Bornholmer Straße.

Unsere heutige Wanderung nimmt in *Zerpenschleuse* (Kreis Bernau), an der Straße 109 nördlich von Berlin gelegen, ihren Anfang. Auf der Hauptstraße des Ortes, der *Berliner Straße*, finden wir vor dem *Finow-Kanal* ausreichende Parkmöglichkeiten. Wir laufen auf der *Berliner Straße* in Richtung Berlin zurück und überqueren kurz hinter dem Ort den *Oder-Havel-Kanal*. Unmittelbar danach schwenken wir rechts um und laufen auf einem breiten Weg direkt am Kanal in westlicher Richtung. Wenn zum zweitenmal die Fundamente einer ehemaligen Brücke auftauchen, sind wir bei der früher so genannten *Römerweg-Brücke* angelangt, etwa 1 Stunde vom Ausgangspunkt entfernt.

Kurz danach wendet sich unser Weg vom Kanal fort, wir laufen jetzt in west-süd-westliche Richtung. Bald hört der Wald auf und wir treten auf die Feldmark hinaus. Wir sind nun in *Kreuzbruch,* die Bauernhöfe liegen etwas zurückge-

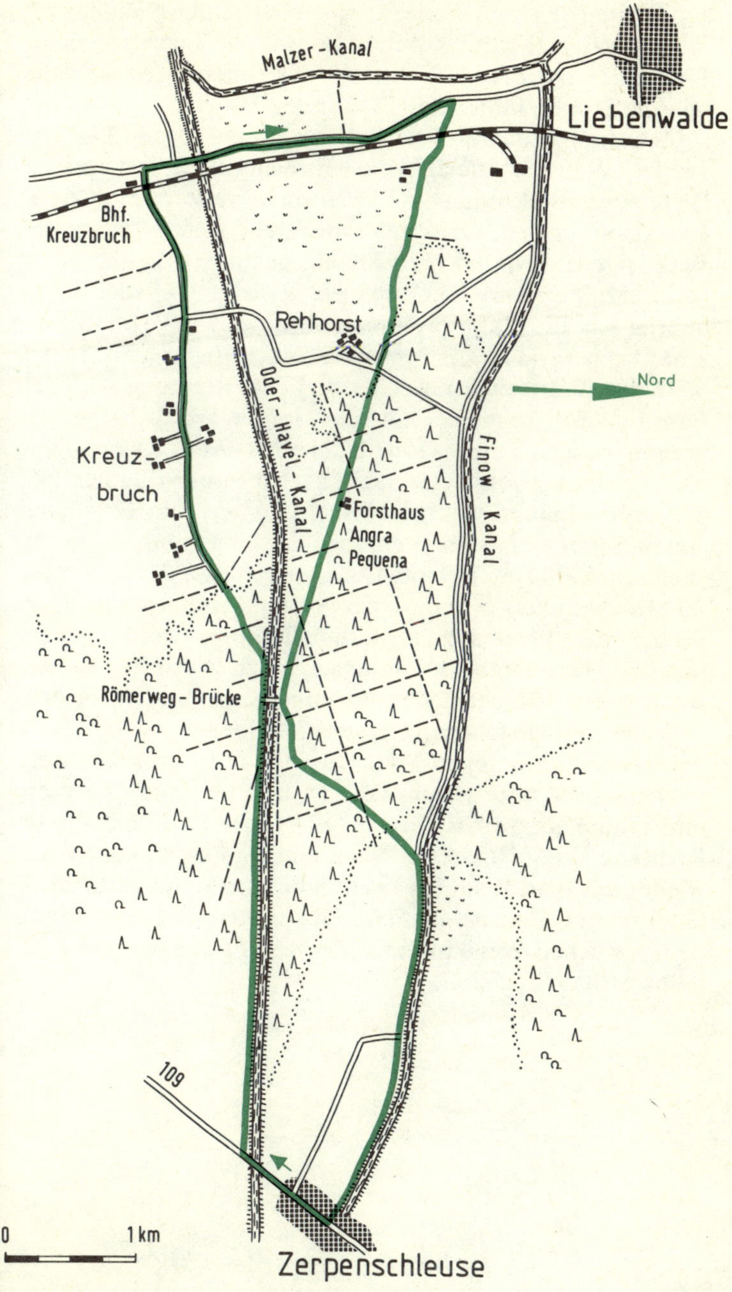

Malzer-Kanal
Liebenwalde
Bhf. Kreuzbruch
Rehhorst
Nord
Kreuz-bruch
Oder-Havel-Kanal
Finow-Kanal
Forsthaus Angra Pequena
Römerweg-Brücke
109
0
1 km
Zerpenschleuse

setzt neben unserem Wege, der jetzt befestigt ist. Wir laufen in westlicher Richtung weiter bis wir die Schienen einer Bahnlinie am *Bahnhof Kreuzbruch* überschreiten, eine knappe Stunde hinter der Römerweg-Brücke.

Unmittelbar dahinter treffen wir auf die Straße Liebenwalde – Wensickendorf, in die wir rechts einbiegen und auf ihr in etwa 30 Minuten bis *Liebenwalde* weitermarschieren. Direkt hinter dem Ortsschild von Liebenwalde zweigt ein Weg spitzwinkelig nach rechts ab, auf dem wir die leider recht belebte Straße nur zu gerne verlassen. Wieder überqueren wir die Bahn, kommen an einer LPG (Landwirtschaftliche Produktionsgenossenschaft) vorbei und haben bald den Wald erreicht. Unsere neue Richtung ist jetzt Osten. Wenn von links ein sehr breiter Waldweg herankommt, gehen wir mit diesem halbrechts weiter. Dann sehen wir die Häuser von Rehhorst versteckt hinter Bäumen liegen und kommen wenige Minuten später zum Forsthaus *Angra Pequena 1*. Immer geradeaus weiter führt uns unser Weg sehr bald zum Forsthaus *Angra Pequena 2*. Noch etwa 20 Minuten und wir sind wieder an den Resten der einstigen *Römerweg-Brücke* angelangt, die allerdings vom Wege aus nicht zu erkennen sind. Um uns nicht zu verlaufen, sollten wir uns die Mühe machen und uns vergewissern, ob wir wirklich am angegebenen Ort sind: Wir biegen also rechts ab und laufen die wenigen Meter bis zum *Oder-Havel-Kanal*.

Wir kehren zu unserem Wege zurück, überqueren diesen und laufen jetzt in Richtung Ost-Nord-Ost (nicht direkt Richtung Osten!!) weiter. Nach einiger Zeit kommen wir wieder aus dem Wald heraus und bummeln auf Wiesengelände weiter. Bald ist der *Finow-Kanal* erreicht, der uns auf dem restlichen Wege bis nach *Zerpenschleuse* für eine gute halbe Stunde begleitet.

13 Durch die Barnimer Heide

Weglänge 15 km.
Gehzeit 4 Stunden.
Entfernung von Berlin 70 km.
Grenzübergang Bornholmer Straße.

Finow wird erstmalig 1294 als Dorf »Hegermole« urkundlich erwähnt. Kurfürst Joachim Friedrich erwarb 1606 Hegermühle um den Bau des Finow-Kanals zu fördern und errichtete zwei Kupferhammerwerke. Anfang des 17. Jahrhunderts kam noch ein Teerofen hinzu, ebenso ein Blechhammer. Hieraus entstand 1698 das bekannte Messingwerk. Die 1726 gegründete Papiermühle lebt fort als Papierfabrik Wolfswinkel. Im Jahre 1833 wurde ein Zinkwalzwerk errichtet. Um 1850 begann die Blütezeit der Ziegeleien. Das erste Kraftwerk der Märkischen Elektrizitätswerke wurde 1909 am Finow-Kanal errichtet. So war im Laufe der Jahrhunderte ein ausgedehntes Industriegebiet entstanden, das »Wuppertal der Mark«.

Finow (Kreis Eberswalde; auf dem Ortsschild steht »Eberswalde-Finow«) liegt an der Straße 167 im Nordosten von Berlin. Auf der Hauptstraße etwa 150 Meter hinter der Kirche hört rechts die Bebauung auf. Hier biegen wir nach rechts in die *Schönholzer-Straße* ein und finden auf der linken Seite gegenüber dem Kaufhof einen Parkplatz vor. Wir beginnen unserer Wanderung auf der *Schönholzer Straße* in südliche Richtung, überschreiten ein Bahngeleise und biegen hinter dem letzten Haus des Ortes rechtwinkelig nach links um. Nach etwa 300 Metern treffen wir auf einen querenden, breiten Waldweg, in den wir rechtsschwenkend einbiegen. Unsere Richtung heißt jetzt Süd-Süd-Ost. Wir sind jetzt im *Forst Finowtal*. Bald sehen wir die Masten einer Hochspannungsleitung und kommen unmittelbar danach auf ein großes Wegekreuz. Wir behalten unsere Richtung bei und gelangen etwas später an einen Bahnübergang der Linie Angermünde – Berlin. Immer weiter geradeaus bis wir nach etwa 1 Kilometer das Dorf *Spechthausen* erreichen, 1 Stunde vom Ausgangspunkt.

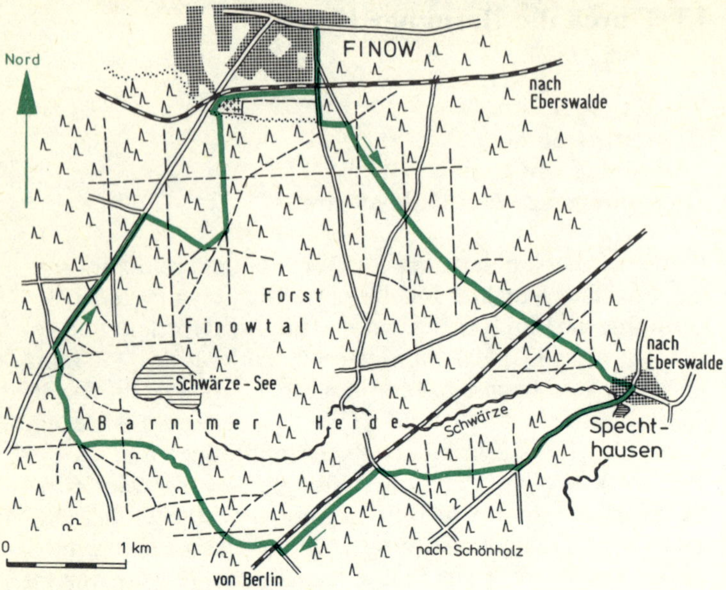

Der Ortsname Spechthausen geht auf den Kupferschmiedemeister J. G. Specht zurück, der 1708 am Fließ Schwärze einen Eisenhammer mit Schmelzofen errichten ließ. 1781 ließ Friedrich der Große die Anlage aufkaufen und investierte 37000 Taler für den Aufbau einer modernen Papiermanufaktur. Diese entwickelte sich im Laufe der Jahre zu einer der bekanntesten Produktionsstätten in Europa für Spezialpapier, so unter anderem: Banknotenpapiere, Effektenpapiere und protokollarische Papiere für Regierungen. Um 1960 wurde die Produktion in Spechthausen eingestellt und der nahegelegenen Papierfabrik Wolfswinkel übertragen, die jährlich unter anderem etwa 80 Tonnen handgeschöpftes Büttenpapier mit dem Specht als Wasserzeichen erzeugt.

In der Mitte des Ortes stoßen wir auf eine Fahrstraße, auf der wir in südwestlicher Richtung nach Biesenthal hin weiterschlendern. Wir überschreiten die *Schwärze* und kommen nach etwa 1,5 Kilometern an die Abzweigung nach

Schönholz. Hier verlassen wir die recht belebte Straße und schwenken nach rechts in einen Waldweg ein. Jetzt aufgepaßt, denn schon nach 10 Metern gabelt sich der Weg. Wir wählen den linken, der in einem starken Linksbogen in den Wald hineinführt. Wir müssen jetzt darauf achten stets in westlicher Richtung zu bleiben. Wo unser Weg an einem Querweg endet, laufen wir nach rechts, bei der folgenden Gabelung wiederum rechts und schon nach wenigen Metern erreichen wir wieder die Bahnlinie bei einer zerstörten Brücke. Wir halten uns jetzt links und bummeln neben den Geleisen her. Nach etwa 1 Kilometer kommen wir wiederum an eine nicht mehr intakte Brücke. Direkt dahinter führt uns ein Fußpfad über die Geleise. Auf der anderen Seite, seit Spechthausen sind wir etwa 1¼ Stunden unterwegs, geht unser fast zugewachsener Weg in einem scharfen Linksbogen zu einem nicht leicht auszumachenden Wegekreuz. Hier nehmen wir den Weg, der zunächst in westliche und wenig später in nordwestliche Richtung verläuft.

Wir sind jetzt mitten in der *Barnimer Heide.* Der Wald ist hier besonders schön und einsam, Kiefern-, Laub- und Fichtenbestände, die in rascher Folge sich abwechseln, machen diesen Weg besonders reizvoll. Bei den dann folgenden Wegegabelungen halten wir uns stets links und treffen nach einiger Zeit auf den *Jagenstein* 121–122–147–148. Wir schlendern gemächlich in der bisherigen Richtung weiter und stoßen wenige Meter vor dem nächsten Jagenstein auf einen breiten Querweg, in den wir rechtsherum einbiegen. Auf diesem laufen wir etwa 1 Kilometer nach Norden bis zu einem Bahngleis neben einer befestigten Straße. Jetzt halbrechts nach Nord-Nord-Ost bis zu einem Sperrschild vor einer militärischen Anlage. Dort nach rechts mit dem Wegweiser »Umleitung« durch schöne Heidelandschaft. Nach einiger Zeit biegen wir wieder nach links um (Wegweiser!) und gehen jetzt stets ganz geradeaus, den nächsten Wegweiser nicht beachtend bis wir am *Friedhof* wieder nach *Finow* kommen. Am Bahnübergang laufen wir unmittelbar davor erst auf einem breiten, später auf einem Fußpfad neben den Geleisen entlang. Beim zweiten Übergang nach dem Bahnhof überschreiten wir die Schienen und kehren zum Ausgangspunkt zurück.

14 Waldwanderung um das Kloster Chorin

Weglänge 14 km.
Gehzeit 3½ Stunden.
Entfernung von Berlin 73 km.
Grenzübergang Bornholmer Straße.

Chorin (Kreis Eberswalde) liegt an der Straße 2, etwa 10 Kilometer nördlich von Eberswalde-Finow. Unmittelbar am Kloster finden wir einen Parkplatz.

Das Zisterzienserkloster Chorin wurde 1273–1334 erbaut. Es ist das älteste Bauwerk der Backsteingotik in der Mark Brandenburg und war ein bedeutendes Zentrum der Baukunst und der Landwirtschaft im Mittelalter. Es beherbergte zu normalen Zeiten 80 Priestermönche und 400 Arbeitsmönche. Im Jahre 1542 wurde das Kloster aufgelöst und nur noch für landwirtschaftliche Zwecke genutzt. So verfiel es langsam, besonders durch Brände im 30jährigen Krieg (1618–1648). Heute ist nur noch etwa die Hälfte der Gesamtanlage vorhanden. Im 19. Jahrhundert begannen die ersten Erhaltungsarbeiten, die bis in die Gegenwart dauern. Im Kirchenschiff werden heute bedeutende Konzerte veranstaltet (Choriner Musiksommer).

Wir gehen auf die Straße 2 zurück und laufen in der bisherigen Richtung (Nordosten) weiter. Links taucht jetzt der *Amts-See* auf, an dem wir eine Weile entlangschlendern. Hinter den nächsten Häusern, die Straße macht hier eine scharfe Linkskurve, marschieren wir geradeaus weiter in einen befestigten Feldweg. Es ist der ehemalige *Königs-Weg*. Auf diesem Sträßchen bummeln wir weiter und bald nimmt uns schöner Mischwald auf. Nach einer Weile stoßen wir auf ein großes Wegekreuz mit vielen Markierungen. Wir sind jetzt etwa eine dreiviertel Stunde unterwegs. Wir gehen in der bisherigen Richtung weiter und kommen nach weiteren 15 Minuten an eine Wegegabel. Hier wählen wir den rechten Weg mit dem Wegweiser »Naturlehrpfad Plage-See«. Wenig später tauchen die ersten Gebäude des *Ferienlagers Makarenko* auf. Wir laufen am Zaun dieser Erholungsstätte entlang bis in das Dörfchen *Brodowin*. Wenn wir auf die Hauptstraße stoßen, machen wir rechtsum und gehen weiter

Richtung Liepe. Bald gelangen wir wieder in schönen Misch- und Laubwald. Nach etwa 4 Kilometern ab Brodowin sehen wir links unseres Weges die Gebäude des *Forsthauses Liepe*. Wenige Schritte dahinter gelangen wir auf ein großes Wegekreuz. Hier schwenken wir nach rechts um und achten darauf, daß wir uns bei der bald folgenden Gabelung

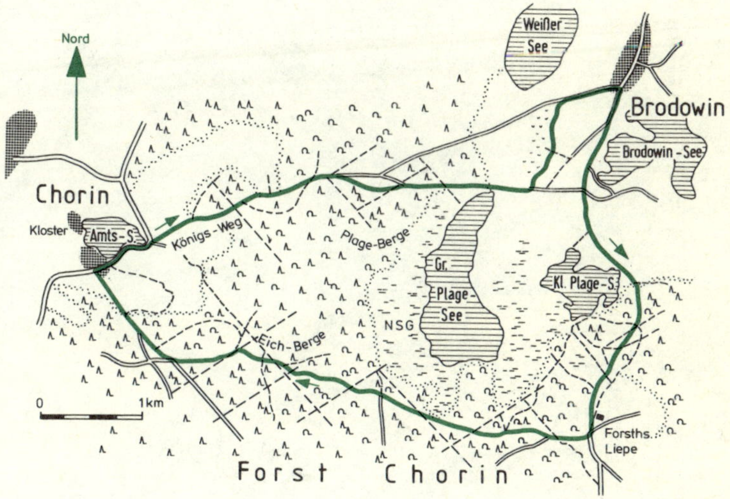

wiederum rechts halten. Immer weiter schlendern wir in Richtung Westen und erfreuen uns an den herrlichen Wäldern. Wenn es jetzt hügelig wird, sind wir in den *Eich-Bergen.* Etwa 4 Kilometer nach dem Forsthaus Liepe kommen wir an eine große, beschilderte Kreuzung. Hier wenden wir uns wiederum nach rechts und kommen nach 15 Minuten direkt an unseren Ausgangspunkt in Chorin.

ZWISCHEN STRAUSBERG UND BAD FREIENWALDE

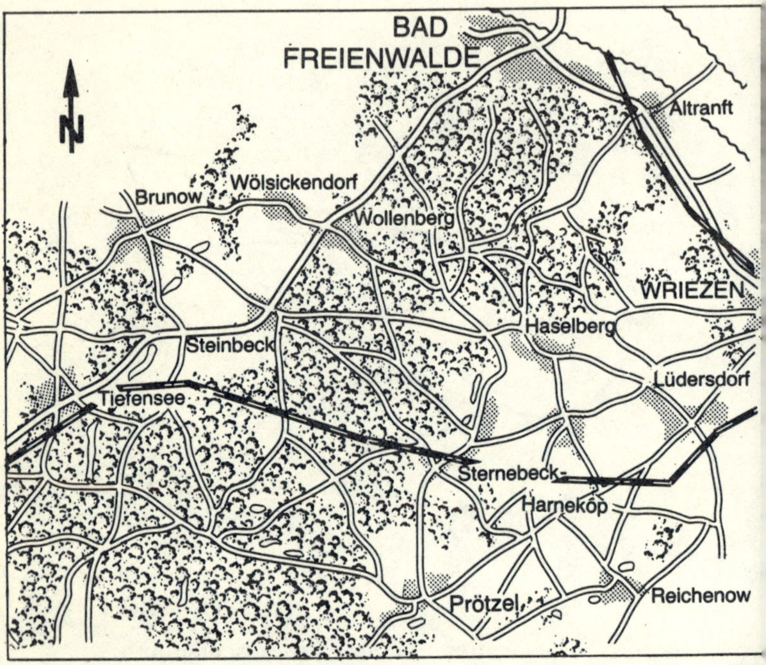

15 Von Prötzel in den Blumenthal

Weglänge 15 km.
Gehzeit Etwa 4 Stunden.
Entfernung von Berlin 61 km.
Grenzübergang Bornholmer Straße.

Prötzel (Kreis Strausberg) erreichen wir zunächst auf der Straße 158 von Berlin aus in östlicher Richtung. Hinter Werneuchen biegen wir rechts ab. Das Schloß in *Prötzel* wurde 1712 erbaut und der heute leider total verwilderte Lustgarten mit Fontänen und Teichen angelegt. Der Umbau des Schlosses erfolgte 1859 durch Stüler.

In der Mitte des Dorfes finden wir vor der Dorfschenke einen Parkplatz. Wir gehen von hier bis zum nahen Schloß, wenden uns davor nach rechts und laufen auf der *Strausberger Straße* in süd-westliche Richtung. Hinter der *Försterei* zweigt unser Weg rechts ab, an der Oberschule vorbei. Bald haben wir den nahen Wald erreicht und laufen jetzt stets in westliche Richtung. Das Gelände ist hügelig und neben den sonst vorkommenden Baumarten treffen wir hier überwiegend Lärchen und Fichten, zum Teil sogar einige Tannen an. Die Reste des ehemaligen Anwesens Lettin sind links des Weges mitten im Walde nur noch für sehr aufmerksame Wanderer auszumachen. Danach schwenkt unsere neue Marschrichtung nach Nordwest um. Wenn unser Pfad an einem Querweg endet, biegen wir rechtsschwenkend in diesen ein und laufen geradeaus weiter bis wir an die Straße nach Prötzel gelangen. Wir sind jetzt eine gute Stunde unterwegs.

Nun überschreiten wir die Straße und sind jetzt im verwunschenen Landschaftsschutzgebiet des *Blumenthals,* welches unter den Liebhabern der Mark Brandenburg einen besonderen Platz einnimmt. In diesem wenig bekannten Gebiet kommt man immer wieder an eiszeitliche Schluchten.

Unser Weg führt uns bis fast an den *Blumenthal-See*, den wir nach links haltend teilweise umrunden. Jetzt sind es nur noch wenige Minuten bis wir an der *Försterei Blumenthal* angelangt sind. Vor dem querstehenden Gebäude wenden wir uns nach rechts, bei der dann gleich folgenden Gabelung halten wir uns aber links in Richtung Norden und schlendern in etwa 10 Minuten bis zum Rande des Hochwalds. Hier gabelt sich der Weg, wir nehmen den rechten und überqueren mit ihm einen Jagenweg. Wenn links die Schilder eines Sperrgebietes auftauchen, gehen wir etwa 50 Meter nach dem ersten Schild rechts in einen etwas schwer auszumachenden Jagenweg, den wir in süd-süd-östlicher Richtung entlangschlendern und den wir wenig später an umgestürz-

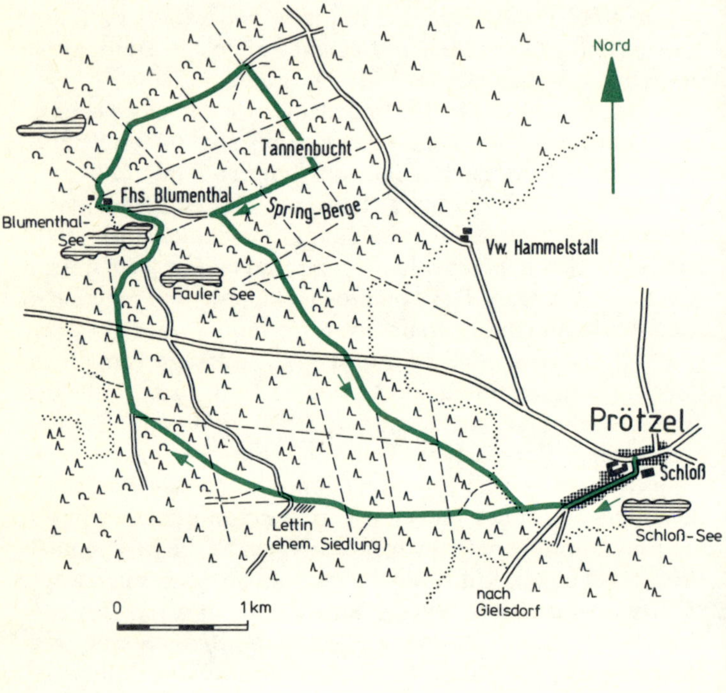

ten oder schief-stehenden Telegrafenmasten erkennen. Wir überschreiten wiederum einen Jagenweg und gehen dann etwas hügelab. Wir sind jetzt in der *Tannenbucht*. Unser Weg verläuft nun etwas hügelan und wir schwenken rechts in einen querenden Jagenweg ein, zu unserer linken Seite liegen die *Spring-Berge*. Wir bleiben auf unserem Weg bis von rechts ein noch breiterer Waldweg auf uns zukommt. Jetzt biegen wir scharf links in diesen Weg ein, der uns in 20 Minuten in süd-östlicher Richtung wieder an die Straße führt. Unser Weg setzt sich auf der anderen Seite fort. Bei der dann folgenden Gabelung halten wir uns links. Immer in der gleichen Richtung weiter, wenig später am Waldrand, kommen wir bald wieder nach *Prötzel* zurück.

16 Wanderung durch den Gamengrund

Weglänge 18 km.
Gehzeit 4 3/4 Stunden.
Entfernung von Berlin 51 km.
Grenzübergang Bornholmer Straße.

Unsere heutige Wanderung nimmt ihren Anfang im *Vorwerk Blumenthal Stadtstelle* (Kreis Strausberg). Wir erreichen diese Anwesen zunächst auf der Straße 158 und biegen dann hinter *Werftpfuhl* rechts nach Prötzel ab. Nach Überfahren des Gamengrundes liegen die Häuser rechts neben der Straße.

Wir laufen etwa 100 Meter auf der Straße zurück und biegen in den ersten links abzweigenden Waldweg ein. Nun in süd-westlicher Richtung bis von rechts ein sehr breiter Weg an den unseren heranführt, in den wir linksschwenkend einbiegen. Jetzt heißt unsere Richtung Süd-Süd-West und wir durchlaufen wunderschönen, lichten Laubwald, von rechts grüßt der Große Latt-See herauf. Wenn wir den Waldrand erreicht haben, schwenken wir halbrechts um und laufen auf dem Weg zwischen dem Feld und dem Wald in westlicher Richtung weiter. Bald erreichen wir einen zu Gielsdorf gehörenden Bauernhof. Davor machen wir auf dem Weg rechtsum und schlendern in wenigen Minuten zum nahen Waldrand. Unmittelbar nachdem wir den Wald betreten haben, halten wir uns an der Gabelung links, ebenso bleiben wir bei der nächsten Wegeteilung links am Waldrand. Nach einer Weile hört auch rechts der Wald auf und wir bummeln über Felder mit einer wunderbaren Fernsicht. Wenig später

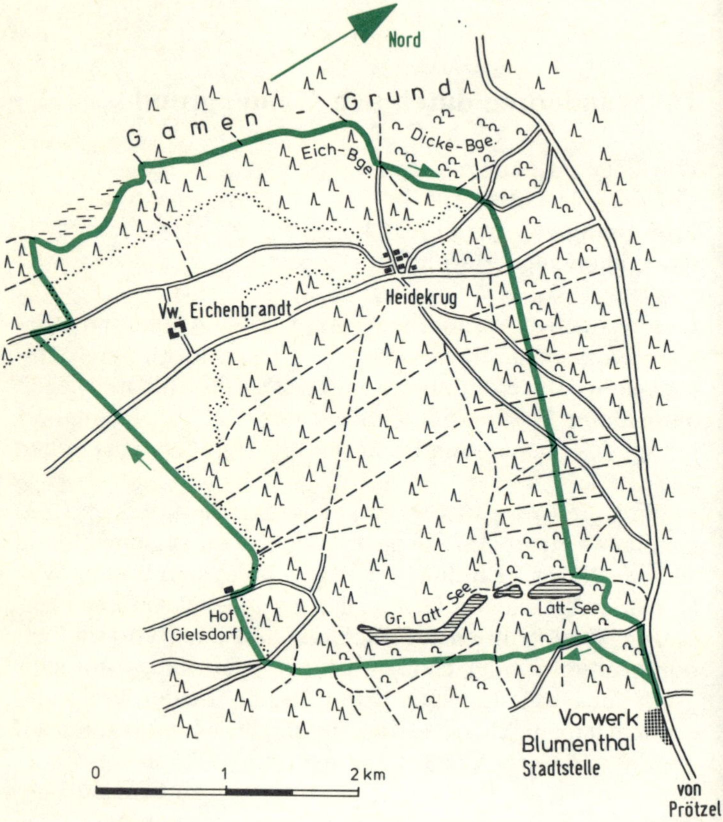
Nord
Gamen - Grund
Eich-Bge.
Dicke-Bge.
Heidekrug
Vw. Eichenbrandt
Hof
(Gielsdorf)
Gr. Latt-See
Latt-See
Vorwerk
Blumenthal
Stadtstelle
von
Prötzel
0
1
2 km

überqueren wir eine Fahrstraße und laufen auf der anderen Seite in der bisherigen Richtung weiter bis wir wieder in einen Laubwald gelangen. Nach wenigen Metern treffen wir auf einen Querweg, auf dem wir nach rechts umschwenken und etwas hügelan marschieren. Nach etwa 250 Metern kommen wir wieder an einen Waldrand. Hier wenden wir uns auf einem Waldweg nach links und schlendern immer in westlicher Richtung bergab bis hinunter zum nahen *Gamengrund,* knapp 2½ Stunden vom Ausgangspunkt entfernt.

Jetzt laufen wir im Gamengrund, der ständig sein Aussehen wechselt und uns mit immer neuen Ausblicken erfreut, in nördlicher Richtung weiter. Nach einiger Zeit wird aus unserem Wege ein schmaler Fußpfad, der schräg den Hang hinaufführt. Wenn wir unter einer Oberleitung durchkommen, wenden wir uns nach links und laufen unter dieser bis hinab in die Talsohle. Nun auf die andere Seite des Gamengrundes hinüberwechseln und weiter in Richtung Norden, wo wir schon nach wenigen Metern wieder auf einen breiteren Weg treffen. Auf diesem Waldwege laufen wir meist ständig bergan, die Landschaft erinnert jetzt an ein Mittelgebirge. Nach etwa 20 Minuten kommt von schräg links ein sehr breiter und stark ausgefahrener Holzabfuhrweg an den unseren heran. Auf diesem schwenken wir scharf nach rechts, laufen durch eine junge Kiefernschonung und entdecken rechts unseres Weges eine Unterstandshütte. Von hier haben wir einen herrlichen Talblick. Wir laufen auf dem bisherigen Wege weiter, umlaufen in einem großen Rechtsbogen teilweise die *Eich-Berge* und müssen jetzt sehr aufpassen: Der erste linksabbiegende Weg, der mit Gras überwachsen ist und zwischen ganz kleinen Bäumchen hindurchgeht, führt uns bergan in nord-östlicher Richtung. Auf diesem überschreiten wir nach einiger Zeit die Fahrstraße und laufen auf der anderen Seite in der bisherigen Richtung weiter. Nach etwa 2½ Kilometern senkt sich unser Weg hinunter zum *Latt-See*. Vor dem See wenden wir uns nach links, laufen bald auf die andere Talseite hinüber, halten uns dann links und stoßen nach kurzer Zeit auf die Straße Werftpfuhl – Prötzel. Nun schwenken wir nach rechts und bummeln einen knappen Kilometer auf der Straße zum Ausgangspunkt zurück.

17 Von Tiefensee in den Leuenburger Forst

Weglänge 14 km.
Gehzeit 3½ Stunden.
Entfernung von Berlin 52 km.
Grenzübergang Bornholmer Straße.

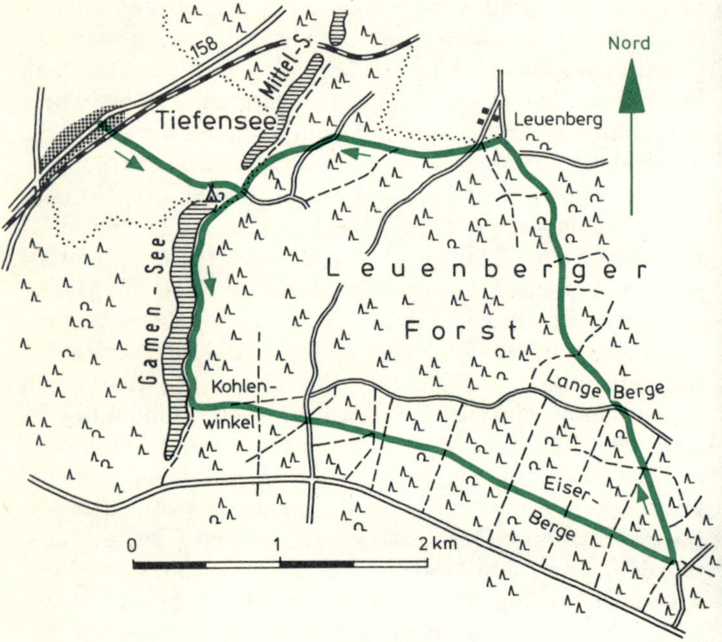

Tiefensee (Kreis Bad Freienwalde) liegt an der Straße 158 nordöstlich von Berlin. Hier finden wir am Ortsausgang einen Parkplatz. Wir laufen wenige Schritte auf der Straße 158 zurück. Bei dem Gerätehaus der Feuerwehr biegen wir nach links in einen unbefestigten Feldweg ein, überqueren eine Bahnlinie und gelangen nach etwa 10 Minuten an den

Waldrand. Hier schlendern wir etwas bergab, lassen einen großen Campingplatz rechts liegen und schwenken unmittelbar danach nach rechts in einen Fußweg ein, der uns nach wenigen Metern zur Nordspitze des *Gamen-Sees* führt. Auf einem breiten, etwas erhöhten Weg wandern wir etwa eine halbe Stunde am Ufer des Sees entlang. Wenn sich von links eine breite Eiszeitrinne bis an unseren Weg heranschiebt, sind wir im *Kohlenwinkel.* Hier biegen wir nach links um und laufen auf einem breiten Weg in der Rinne hügelan. Bei der bald folgenden Wegegabelung halten wir uns rechts und überqueren nacheinander mehrere Jagenwege. Dann laufen wir über die *Eiser-Berge*. Verschiedentlich sind die Nummern der Jagen an Bäumen angebracht. Als nächstes überschreiten wir einen breiten Fahrweg mit einer Telefon-Oberleitung. In den dann folgenden, von schräg rechts kommenden, ebenso breiten Fahrweg biegen wir nach links ein. Rechter Hand liegt jetzt ein sehr großer Kahlschlag, der frisch bepflanzt wurde. Bei der nächsten Wegegabel halten wir uns links. Wir kommen jetzt in die *Langen Berge*. Wir bummeln immer geradeaus weiter in nördlicher Richtung bis wir dann an einige zu Leuenberg gehörende Häuser stoßen. Unmittelbar davor biegen wir nach links ab. Bei den dann folgenden Wegegabelungen halten wir uns erst rechts und bei der zweiten links. Bald senkt sich der Weg steil hinab zum *Mittel-See*. Wir laufen einige hundert Meter am See entlang und stoßen dann an seiner Südspitze auf den uns vom Herweg bekannten Pfad, der uns in einer viertel Stunde nach *Tiefensee* zurückbringt.

18 Von Haselberg zum Vorwerk Franzenshof

Weglänge 13 km.
Gehzeit Etwa 3 Stunden.
Entfernung von Berlin 66 km.
Grenzübergang Bornholmer Straße.

Wir fahren zuerst auf der Straße 158 von Berlin aus in nord-östlicher Richtung. In Steinbeck biegen wir unmittelbar hinter der Ortschaft rechts in die Haselberger Straße ein. Nach etwa 8 Kilometer erreichen wir das Dörfchen *Haselberg* (Kreis Bad Freienwalde). In der Dorfmitte finden wir Platz für unser Fahrzeug.

Zunächst laufen wir wenige Meter auf der Straße zurück und biegen dann rechts in einen breiten, nach Norden führenden Weg ein. Am Ortsausgang senkt sich unser Weg, der von uralten Bäumen gesäumt wird. Wenn wir den Waldrand erreicht haben, dreiteilt sich der Weg. Wir nehmen den mittleren in Richtung Nord-Nord-West. Er ist nicht zu verfehlen, denn wir laufen zwischen zwei sehr großen Fichten hindurch, die mit den Jagennummern 416 und 417 gekennzeichnet sind. Nun immer weiter in nordwestlicher Richtung, bald sehen wir zu unserer Rechten ein Wildgatter, in dem ein Rudel Damwild lebt. Die Gegend wird immer hügeliger, die unterschiedlichsten Waldformen wechseln schnell. Unser Waldweg macht bald eine Linkskurve und führt als ziemlich zugewachsener Hohlweg bergab. Unten stoßen wir auf einen von links kommenden Holzabfuhrweg, in den wir scharf rechtsschwenkend einbiegen und nunmehr in nordöstlicher Richtung weiterwandern. Bei einer bald folgenden Wegegabel biegen wir nicht nach rechts, also nach Süden, ab, sondern achten darauf in der bisherigen Richtung weiter zu laufen. Nach etwa 1½ Stunden ab Haselberg treffen wir als nächstes auf eine große Wegespinne. Wir wandern in der bisherigen Richtung weiter bis nach etwa 200 Metern ein ebenso breiter Weg rechtwinkelig links abbiegt, in den wir einbiegen. Zuerst sehen wir links von uns, wenig später auch rechts eine hügelige Wiese. Wenn wir wieder an den Waldrand kommen, führt unser Weg bergan. Wir schlendern geradeaus weiter und sehen bald darauf die Gebäude des

Vorwerks Franzenshof, wo Schweinezucht betrieben wird. Wir sind jetzt 2 Stunden unterwegs.

Wir laufen diagonal über den Hof, durch ein halbverfallenes Hoftor, dann senkt sich unser Weg. Jetzt gut aufgepaßt: Wir klettern rechts auf den Feldrain, denn der bisherige Weg führt uns genau in eine Jauchegrube, was vorher eigentlich kaum zu sehen, aber nachher noch stundenlang zu riechen ist. Schon nach wenigen Metern können wir, wenn

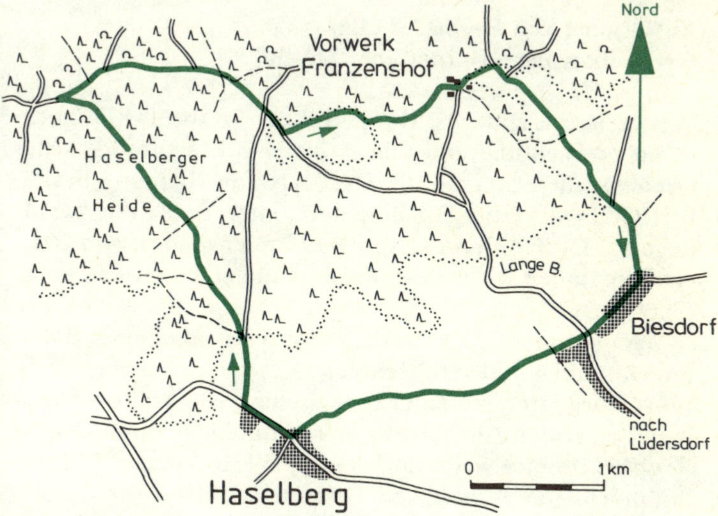

auch noch sehr vorsichtig, wieder auf den Fahrweg zurücklaufen, der uns in einer halben Stunde über eine Höhe hinweg nach *Biesdorf* führt.

Wir durchlaufen die Ortschaft und gehen am Ende dort, wo die Fahrstraße eine scharfe Linkskurve macht, geradeaus weiter (Wegweiser). Nun auf einem heckengesäumten Feldweg weiter in westlicher Richtung etwas hügelan. Oben angekommen haben wir einen prachtvollen Blick auf Bad

Freienwalde und die dahinter liegende Grenze nach Polen. Wir bummeln auf diesem Feldweg weiter und erreichen nach etwa 45 Minuten ab Biesdorf wieder unseren Ausgangspunkt in *Haselberg*.

19 Von Altranft nach Sonnenburg und zum Teller

Weglänge 14 km.
Gehzeit 3½ Stunden.
Entfernung von Berlin 74 km.
Grenzübergang Bornholmer Straße.

Wir verlassen zunächst Berlin auf der Straße 158 in nordöstlicher Richtung und fahren bis Bad Freienwalde. Hier zweigen wir rechts auf die Straße 167 in Richtung Frankfurt/Oder ab. Etwa 3 Kilometer hinter Bad Freienwalde liegt das Dorf *Altranft* (Kreis Bad Freienwalde). Am Ortseingang finden wir auf der linken Seite einen großen Parkplatz vor.

Wir überqueren die Straße, gehen dann unter einer Bahnlinie hindurch und verlassen den Ort in südwestlicher Richtung. Wir laufen auf einer sehr breiten, von uralten Kastanien gesäumten Allee in etwa 20 Minuten bis zum *Vorwerk Bergthal.* Immer weiter auf diesem Wege zunächst hügelan mit prächtigen Fernblicken. Dann senkt sich unser Weg ins Tal hinunter und nach einer knappen Stunde ab Altranft haben wir die einsam gelegenen Häuser des Dorfes *Sonnenburg* erreicht. Wir laufen über den ehemaligen Gutshof, halten uns links und schwenken dann, auf der Straße angekommen, wieder nach rechts. In wenigen Minuten nimmt uns wunderschöner Mischwald mit vielen uralten Douglas-Tannen auf. Wir schlendern in der bisherigen Richtung weiter, bald führt uns unser Weg in einer großen Linkskurve um einen Hügelzug herum. Bei dem Jagenkreuz 103–104–109–110 (die Zahlen sind an die Bäume gemalt) biegen wir rechts in den *Dämmchenweg* ein. Auf diesem Weg wandern wir etwa 1½ Kilometer in nördlicher Rich-

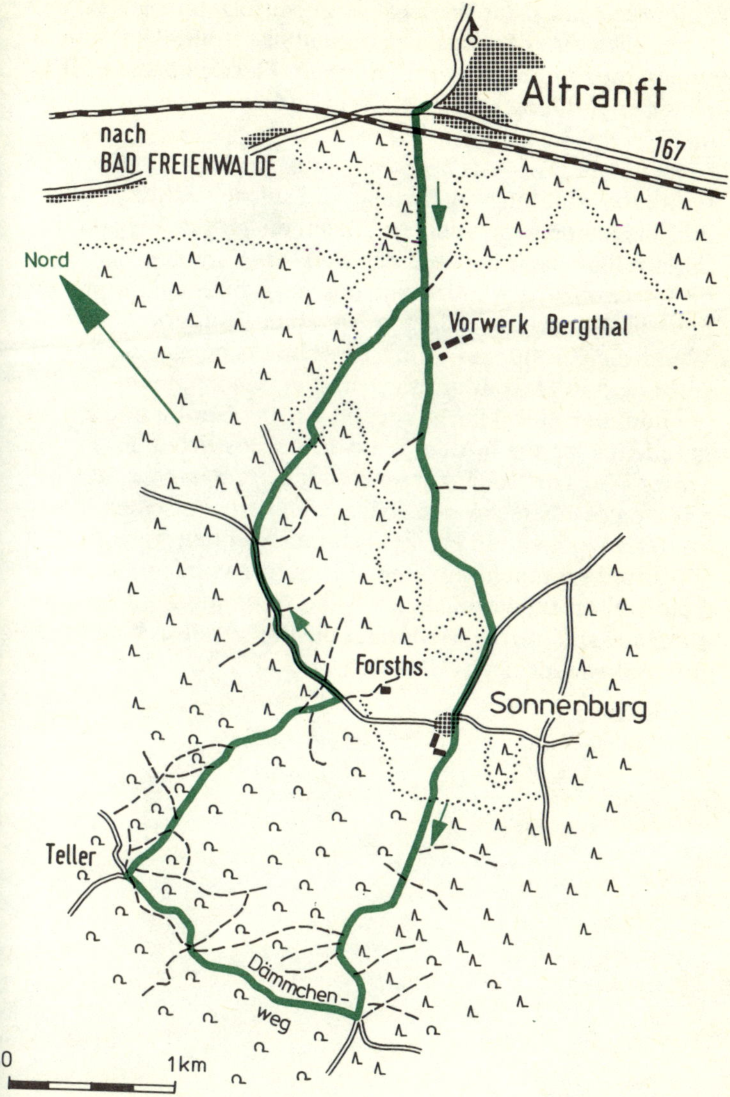

Altranft
nach
BAD FREIENWALDE
167
Nord
Vorwerk Bergthal
Forsths.
Sonnenburg
Teller
Dämmchen-
weg
0
1km

tung; die Landschaft hier hat jetzt Mittelgebirgscharakter! Nach etwa einer Stunde ab Sonnenburg stoßen wir auf ein Wegekreuz mit einem großen, freien Platz, in dessen Mitte eine riesige Douglasie steht: Wir sind am *Teller* angekommen.

Jetzt halten wir uns halbrechts und gehen auf einem sehr breiten Holzabfuhrweg hügelan in östliche Richtung. Nicht sehr lange und wir treffen erneut auf ein großes Wegekreuz, unmittelbar dahinter liegt das *Forsthaus Sonnenburg*. Auf dieser Kreuzung wenden wir uns nach links und kommen bald in einem Rechtsbogen an einer Sandgrube vorbei. Wenn die Straße dann eine Linkskurve macht, sehen wir rechts einen Holzabfuhrplatz und an einem Baum die Jagennummer 308. Hier verlassen wir die Straße und gehen geradeaus weiter in den Wald in nordöstlicher Richtung. Unser Weg trifft nach kurzer Zeit auf ein Bächlein, welches wir steglos überschreiten. Nun gehen wir auf einer Wiese weiter. Wenn wir an ein Feld stoßen, wenden wir uns nach links und bummeln auf dem Feldweg zwischen Bach und Feld weiter. Bald erblicken wir die Gebäude des *Vorwerks Bergthal* und treffen wieder auf die breite Allee. Nun linksum und wieder nach *Altranft* zurück.

MÄRKISCHE SCHWEIZ

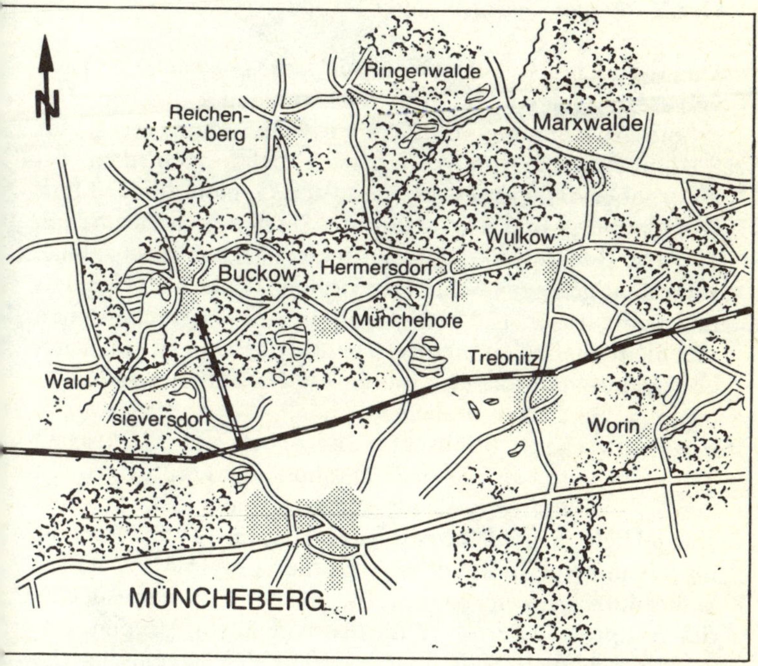

20 Von Buckow zum Dachsberg und um den Schermützelsee

Weglänge 16 km.
Gehzeit $4^1/_4$ Stunden.
DDR-Wanderkarte 1:30000 Märkische Schweiz.
Entfernung von Berlin 82 km.
Grenzübergang Bornholmer Straße.

Das Landschaftsschutzgebiet *Märkische Schweiz*, im Osten von Berlin gelegen, ist zwar flächenmäßig sehr klein: Die größte Ausdehnung von Norden nach Süden beträgt nur 8 Kilometer, die von Westen nach Osten auch nicht viel mehr, aber dafür eines der schönsten Gebiete in der Mark Brandenburg. In dieser Wald- und Seenlandschaft rund um die Orte Buckow und Waldsieversdorf finden wir unzählige verträumt gelegene Seen. Die Höhen steigen von Normalnull schnell auf 120 Meter und in tief eingeschnittenen »Kehlen« fließen munter rauschende Bächlein zu Tal. Kurz, eine Landschaft, die sich hinter keinem anderen Mittelgebirge zu verstecken braucht.

Buckow (Kreis Strausberg) die »Perle der Märkischen Schweiz«, wird von 5 Seen eingerahmt. Der größte davon ist der *Schermützelsee*, welcher 11 Meter unter dem Meeresspiegel liegt. Einer Sage zufolge soll das historische Buckow als versunkene Stadt auf dem Grunde des 45 Meter tiefen Schermützelsees liegen. Im 14. Jahrhundert war Buckow der Hauptort in der Mark für den Anbau von Hopfen. Das 1945 beschädigte Schloß wurde 1948 abgetragen, die Kirche dagegen, ein Granitquaderbau aus dem 13. Jahrhundert, auch 1945 zerstört, wurde in anderer Form wieder errichtet. Bertolt Brecht lebte bis zu seinem Tode im Jahre 1956 in Buckow.

Wir fahren auf der Fernstraße 1 bis Müncheberg und biegen am Ortseingang links nach Buckow ab. In diesem Städtchen finden wir kurz vor der Kirche in der *Schulstraße* einen Parkplatz. Wir gehen nun geradeaus mit wenigen Schritten zur *Karl-Marx-Straße*, biegen hier rechtsum und laufen an dem Kulturhaus vorbei. An einer Gabelung folgen wir dem Wegweiser »Kinderheim Pritzhagen« nach links. Nun weiter auf der kurvenreichen Straße durch den Ort bis wir den *Stobber* überqueren. Sofort danach halten wir uns rechts und stehen nach wenigen Schritten vor den *Günterquelle.* Hier taucht auch zum ersten Mal die rote Markierung auf, der wir nun für einige Zeit folgen werden. Auf breitem Waldweg wandern wir nun in nordöstliche Richtung, bei ei-

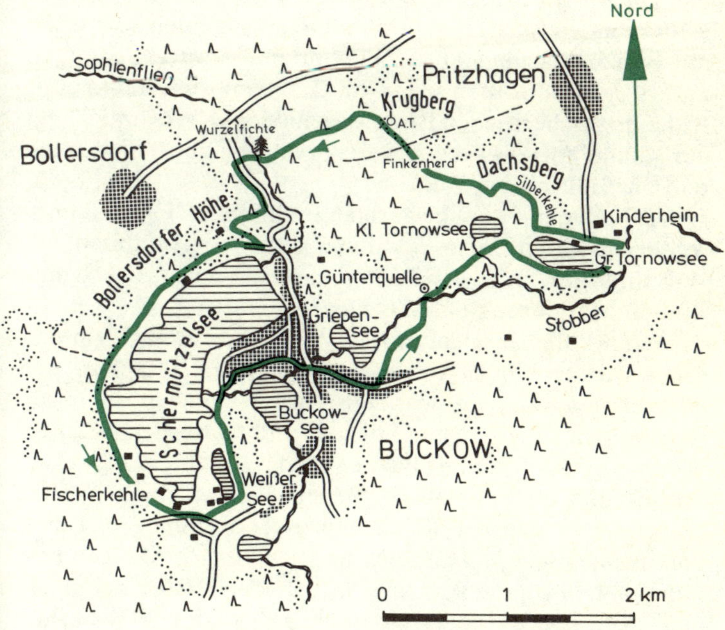

nem Wegekreuz laufen wir mit unserer Markierung geradeaus und hügelab. Rechts sehen wir jetzt eine Blutbuche, die einen Umfang von 5,30 Meter hat und etwa 250 Jahre alt ist. Wir bummeln weiter bis hinunter zum *Großen Tornowsee* und laufen an dessen Südufer entlang. Hinter der Ostspitze des Sees macht unser Weg einen scharfen Linksknick und führt uns nun an der anderen Seeseite entlang zu einem

Kinderheim. Wir überschreiten eine Teerstraße und schlendern jetzt direkt am Waldrand weiter. Unser Fußweg macht jetzt eine leichte Linkskurve und senkt sich ins Tal hinab. Bevor wir ein Bächlein überqueren, biegen wir scharf rechts um und steigen in der wildromantischen *Silberkehle,* über Steine und umgestürzte Bäume kletternd, neben dem Bächlein für einige Zeit bergan. Bald kommen wir zu einem Wegekreuz, gehen geradeaus weiter und haben nach kurzem den *Dachsberg* erreicht. Wir laufen auf dem Höhenrücken weiter, bis wir nach einigen Windungen auf einen Schutzpilz mit Bänken darum stoßen. Wir sind nun etwa 1½ Stunden unterwegs und sollten hier eine Rast einlegen, um in aller Ruhe diesen herrlichen Blick zu genießen: Links unten liegt der Kleine Tornowsee und weit vor uns sehen wir die Kirche und die Häuser von Buckow.

Wir laufen auf dem bisherigen Fußpfad in vielen Kehren weiter bis wir an einem Feldrain auf ein Wegekreuz stoßen. Wir sind hier im *Finkenherd* und vertrauen uns jetzt der weißen Markierung an. Wir biegen rechts um und schlendern in nördlicher Richtung am Waldrand entlang. Vor uns sehen wir den hohen Aussichtsturm auf dem *Krugberg*, auf den wir zulaufen. Kurz vor dem Turm biegen wir mit unserem weißen Wegezeichen links ab und laufen jetzt ständig durch wunderschönen Fichtenwald bergab. Nach etwa 30 Minuten ab Finkenherd treffen wir auf einen breiten Querweg, in den wir rechtsschwenkend einbiegen. Links von uns liegt das *Sophienfließ* und schon nach wenigen Minuten haben wir die *Wurzelfichte* erreicht. Dieser Baum hat eine Höhe von 29 Meter und ist etwa 130 Jahre alt. Wir sind jetzt insgesamt etwa 2½ Stunden unterwegs.

Hier überqueren wir das *Sophienfließ* und gehen die Stufen zur Fahrstraße hinauf. Hier schwenken wir linksum und gehen etwa 500 Meter auf der Straße in süd-süd-östliche Richtung. An einer Bus-Haltestelle biegen wir rechts in die Straße *Bollersdorfer Höhe* ein. Wir laufen bis kurz vor ein Cafe und wenden uns bei einem Transformatoren-Häuschen nach links und gehen steil hinunter zum *Schermützelsee*. In den Uferweg schwenken wir rechtsumbiegend ein. Von hier an leitet uns die graue Markierung weiter. Jetzt bummeln wir immer in einiger Entfernung vom See weiter, gehen einige Treppen hinauf und halten uns danach wieder links. Zunächst gehen wir durch Gärten und kommen später wieder in schönen Laubwald. Wenn wir auf unsere Markierung achten, können wir eigentlich nicht mehr fehlgehen und kommen nach etwa 1 Stunde ab Bollersdorfer Höhe an das Ausflugsrestaurant *Fischerkehle*. Bei einer wenig später auftauchenden Kreuzung halten wir uns links und schlendern hinunter zum *Weißen See*, gehen an dessen Ostufer entlang und kommen dann in den *Kurpark* von *Buckow*. Am Ende des Parks überqueren wir einen breiten Bach linksschwenkend und laufen auf einer Fahrstraße weiter in nord-östliche Richtung. Der Kirchturm von Buckow leitet uns in wenigen Minuten zum Parkplatz zurück.

21 Durch die Sieversdorfer Heide

Weglänge 21 km.
Gehzeit Etwa 5 Stunden.
DDR-Wanderkarte 1:30000 Märkische Schweiz.
Entfernung von Berlin 79 km.
Grenzübergang Bornholmer Straße.

Unsere heutige Wanderung beginnen wir in dem Ortsteil *Dahmsdorf* bei *Müncheberg*. Von dem mittelalterlichen Städtchen Müncheberg, einst besiedelt durch die germanischen Burgunder, blieben nur das *Stadttor*, die 1945 zerstörte *Kirche* und der *Pulverturm* an der Hauptstraße als altertümliche Sehenswürdigkeiten erhalten.

Wir erreichen *Müncheberg* auf der Fernstraße 1. Am Ortseingang biegen wir links in Richtung Buckow ab. Wenn neben unserer Straße der Große und der Kleine Schlagenthinsee auftauchen, steht unmittelbar dahinter das Ortsschild von *Dahmsdorf*. Hier biegen wir rechts ab und fahren noch einige Kilometer bis zur *Dahmsdorfer Kirche*. Hier finden wir genügend Parkraum.

Wir laufen zunächst etwa 1 Kilometer auf der Straße zurück. Wenn wir an die Gleise der Bahnlinie Müncheberg – Buckow stoßen, überschreiten wir diese und schlendern in west-süd-westlicher Richtung weiter. Auf einem Feldweg erreichen wir bald den *Bahnhof Müncheberg*. Nach dem Überqueren der Schienen wenden wir uns sofort nach rechts und laufen, zunächst neben der Bahn entlang, bis in das Dorf *Schlagenthin*. Nach dem Dorf halten wir uns in Richtung Südwest, bummeln zunächst über die Felder und erreichen wenig später den Wald. Auf diesem Waldweg laufen wir etwa 2 Kilometer in der bisherigen Richtung. Jetzt aufge-

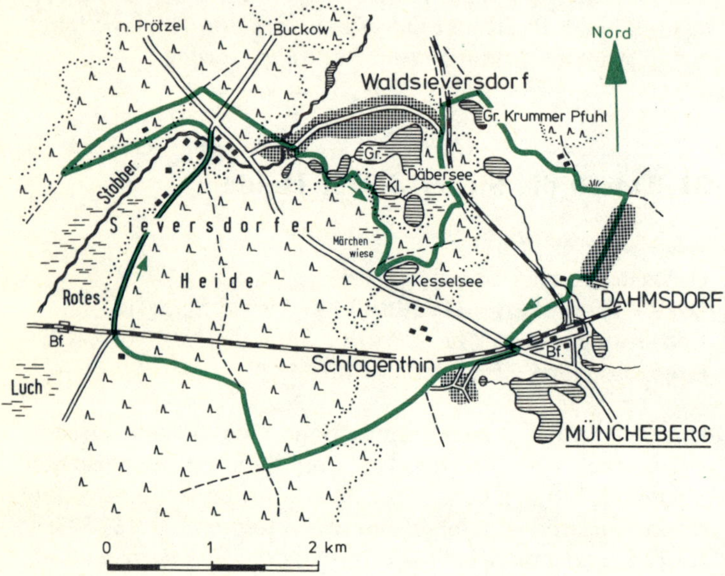

paßt! Wenn dann ein Waldweg kreuzt, der dem unseren gleicht, das heißt, der die gleiche Breite hat und nicht mit Gras bewachsen ist, biegen wir hier rechts um und marschieren in nördlicher Richtung durch die *Sieversdorfer Heide*. Schon nach wenigen hundert Metern macht unser Weg eine weitausholende S-Kurve, geht aber dann doch in der gleichen Richtung weiter. Wir kommen zunächst an Neuanpflanzungen vorbei und stoßen wenig später auf eine Wegeinsel. Immer weiter geradeaus bis wir auf ein Teersträßchen stoßen, auf diesem weiter bis zu einer breiteren Straße. Mit dieser überqueren wir die Bahnlinie, links sehen wir den Bahnhof Rotes Luch, und erreichen nach etwa 3 Kilometern den Ort *Waldsieversdorf.* Wir sind jetzt etwa 2 Stunden unterwegs.

Wir überschreiten im Ort den *Stobber,* die Wasserscheide zwischen Nordsee und Ostsee, und biegen unmittelbar danach in einen schmalen Fußweg links ein und laufen anfangs neben dem Bächlein her durch das *Rote Luch.* Bald nimmt uns wieder der Wald auf. Bei der folgenden Wegegabel halten wir uns links. Wenn wir wieder an den Waldrand kommen und einen herrlichen Blick über das ganze Luch haben, taucht jetzt eine blaue Markierung (Strich oder 3 Punkte) zum ersten Mal auf. Wir schwenken mit unserem neuen Zeichen scharf nach rechts um, also Richtung Nordosten. Bald überschreiten wir eine breite Fahrstraße und halten uns bei der dann folgenden Wegegabel rechts. Nun überqueren wir erneut eine Teerstraße, gehen dann an einem großen Pflanzgarten mit vielen Gewächshäusern vorbei und erreichen schließlich wieder *Waldsieversdorf.* Wir gehen wieder über den *Stobber* und biegen dann rechts in die *Margaretenstraße* ein. Auf dieser laufen wir weiter bis sie an einer Querstraße endet. Jetzt rechtsum und abwärts zu einem kleinen See. Dahinter wandern wir mit gelber Markierung (Strich oder 3 Punkte) halblinks um den See herum. Bei der Wegegabel nehmen wir den rechten Weg hügelan. Oben angekommen schwenken wir nach rechts, Richtung Süden, um und laufen hinunter zum *Kleinen Däbersee.* Auf einem sehr schönen Fußweg geht es zunächst am See entlang und später durch dichten Wald bis zur *Märchenwiese.* Bei dem Regenhäuschen halten wir uns links am Waldrand, überschreiten ein Bächlein und wandern bei der Gabelung nicht in den Wald hinein, sondern bleiben am Waldrand. Wir halten uns also rechts. Kurz bevor wir an eine breite Fahrstraße kommen, treffen wir auf einen von links kommenden, breiten Waldweg, in den wir nach links einbiegen. Unsere neue Marschrichtung heißt jetzt Norden und etwas später Nordosten. Bei der nächsten Wegegabelung halten wir uns links und laufen hügelan. Immer weiter durch schöne Fichtenwälder bis an eine Bahnlinie und an dieser entlang bis zum *Bahnhof Waldsieversdorf*. Nun noch etwa 300 Meter neben der Bahn, dann wenden wir uns nach rechts und überschreiten die Gleise. Rechts taucht nun der *Große Krumme Pfuhl* auf. Unmittelbar dahinter wenden wir uns nach rechts und marschieren am Waldrand in südöstlicher Richtung weiter. Wir passieren zwei einsam gelegene Häuser und gehen dann steil hügelan. Oben angekommen sollten wir nicht versäumen uns umzudrehen: Wir haben von hier einen herrlichen Fernblick. Wenn wir auf die Teerstraße stoßen, schwenken wir rechtsum und haben in wenigen Minuten unser Auto erreicht.

22 Von Buckow um den Klobichsee

Weglänge 15 km.
Gehzeit 3½ Stunden.
DDR-Wanderkarte 1:30000 Märkische Schweiz
Entfernung von Berlin 82 km.
Grenzübergang Bornholmer Straße.

Der Ausgangspunkt dieser Wanderung ist wiederum wie bei Tour 20 der Parkplatz in der *Schulstraße* in *Buckow* (Kreis Strausberg). Wir laufen auch jetzt wieder auf der *Karl-Marx-Straße* in östliche Richtung. Dort, wo an einer Straßengabelung der Wegweiser »Kinderheim Pritzhagen« steht, biegen wir rechts um. Hier finden wir auch eine große Tafel vor mit einer Tourenbeschreibung über die Markierung »*Gelber Strich*«, der wir vorläufig folgen und die überall deutlich sichtbar angebracht ist.

Wir gehen zunächst erst die Stufen, dann einen steilen Hohlweg zum *Luisenberg* empor. Oben überqueren wir den *Alten Sportplatz* und biegen wenig später in dichtem Buchenwald halblinks nach Osten ab. Wir schlendern jetzt im *Langen Grund* immer der gelben Markierung folgend in einer guten halben Stunde zur *Alten Berliner Straße*, überqueren diese und bummeln in weiteren 10 Minuten bergab durch Mischwald zum *Großen Klobichsee*. Jetzt laufen wir an der Nordseite des Sees entlang und stoßen unmittelbar darauf, immer dem Uferweg folgend, auf den 12 Meter tiefen *Klobichsee*, welcher der größte der Seen dieses Namens ist. Wir wandern jetzt auf einem breiten Uferweg mit meist wunderschönen Seeblicken bis zu einem *Schutzpilz*, von dem aus wir einen besonderen Weitblick genießen können.

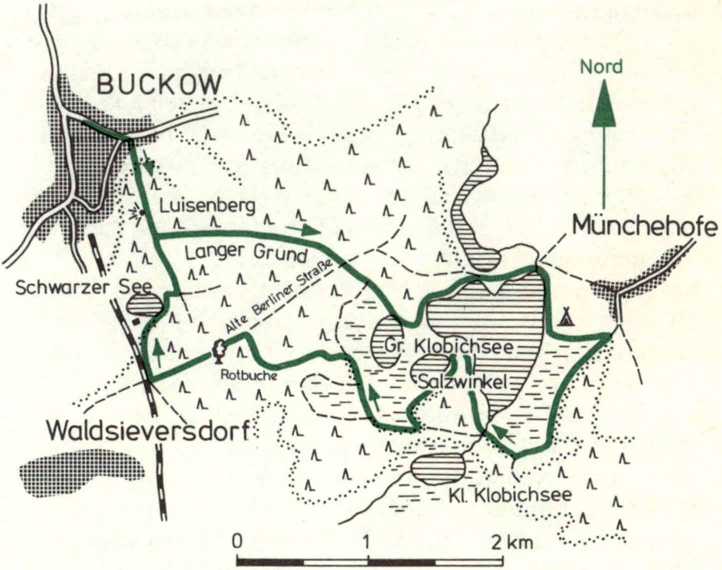

Nun immer weiter in östliche Richtung, bald überqueren wir einen Bach. Wenn wir jetzt auf eine Wiese hinaustreten, verlassen wir unsere bisherige Markierung und halten uns mit dem »*Roten Zeichen*« weiterhin am See, wir biegen also rechts ab. Bald kommen wir zu einem großen *Campingplatz* und im Anschluß daran an eine *Badewiese*. Wir sind jetzt knapp 2 Stunden unterwegs.

Hier wenden wir uns nach links und laufen landeinwärts in östlicher Richtung an einem großen Parkplatz vorbei hügelan bis zu einem Teersträßchen. Auf der Straße biegen wir rechts um und gehen in südlicher Richtung abwärts. Bald hören die Bungalows auf und unser Weg ist wieder unbefestigt. Wir machen jetzt eine weite Rechtskurve und stoßen bald darauf wieder auf eine Siedlung von Sommerhäuschen. Wenn diese zu Ende ist, teilt sich unser Weg. Wir biegen mit der roten Markierung nach rechts ab, jetzt wird es sumpfig und bald überschreiten wir ein kleines Bächlein. Unmittelbar danach verlassen wir zunächst einmal unser Wegezeichen und biegen auf einem Fußweg scharf rechts um. Nun laufen wir, mal auf breiterem Wege, mal auf ganz schmalem Fußpfad immer am Ufer des *Klobichsees* in den *Salzwinkel.* Bevor unser Pfad sumpfig wird, biegen wir linksum. Nach einiger Zeit treffen wir auf ein kleines Rinnsal, welches wir jedoch nicht überschreiten, sondern davor geradeaus weitergehen. Bald wird unser Pfad wieder breiter, bei einer Wegeinmündung halten wir uns rechts und auf dem dann querenden, breiten Weg biegen wir auch wieder nach rechts ab. Jetzt sehen wir links wieder unsere rote Markierung. Diesem Zeichen folgen wir jetzt weiterhin, zunächst durch sumpfiges Gelände, später hügelan durch Kiefernwald bis zur *Alten Berliner Straße*. Auf dieser wenden wir uns nach links und wandern in südwestlicher Richtung weiter. Links neben der Straße treffen wir auf eine etwa 150 Jahre alte Rotbuche. Wir laufen auf der Straße bis kurz vor eine Bahnlinie. Hier schwenken wir rechts um und marschieren in nördlicher Richtung hinunter zum idyllisch gelegenen *Schwarzen See*. Kurz vor dem See macht unser Weg eine scharfe Linkskurve. Hier laufen wir geradeaus weiter und behalten das Gewässer zu unserer Linken. Auf dem nächsten querenden Weg machen wir rechts um, wenden uns nach etwa 50 Meter nach links und schwenken nach nur weiteren 10 Meter erneut nach links. Nun immer geradeaus in nördliche Richtung, bald steigt der Weg zum *Luisenberg* an. Wir wandern das letzte Stück wieder über den *Alten* Sportplatz und in weiteren 10 Minuten auf dem bekannten Wege zu unserem Parkplatz zurück.

23 Rund um die Hermersdorfer Heide

Weglänge 18 km.
Gehzeit 4 1/4 Stunden.
DDR-Wanderkarte 1:30000 Märkische Schweiz.
Entfernung von Berlin 81 km.
Grenzübergang Bornholmer Straße.

Die Märkische Schweiz liegt im Osten von Berlin und wir fahren auf der Straße 1 bis Müncheberg. Hier biegen wir links nach Obersdorf ab und von da weiter bis nach *Münchehofe* (Kreis Strausberg). In diesem Markdörfchen liegt der Ausgangspunkt für diese besonders schöne und abwechslungsreiche Wanderung.

Rund um die Kirche bietet sich genug Parkraum an. Wir verlassen das Dorf in nord-nord-östlicher Richtung. Bei einer bald folgenden Wegegabel halten wir uns rechts und schlendern zunächst über offenes Feld zum nahen Waldrand. Wir durchlaufen jetzt die *Schielheide,* kommen in einem schwachen Rechtsbogen zum *Birkensee* und laufen danach wieder über Felder nach *Hermersdorf,* eine gute halbe Stunde vom Ausgangspunkt entfernt. Hinter der Kirche machen wir linksum und wählen am Ortsrand einen nach links in nordwestlicher Richtung abzweigenden Weg. Bald nimmt uns wieder wunderschöner Wald auf und wir überschreiten kurz danach ein Bächlein. Wir gehen in der bisherigen Richtung weiter und erreichen nach knapp einer Stunde, ab Hermersdorf, die verträumt gelegene *Eichendorfer-Mühle.* Unmittelbar vor dem Anwesen überschreiten wir den *Stobber.* Hier entdecken wir jetzt zwei grüne Markierungen, nämlich einen Strich und eine Tanne, die uns bis zu unserem nächsten Etappenziel begleiten.

Wir gehen über den Hof des Anwesens schräg rechts und halten uns dann links, Richtung Westen. Unser Weg führt uns zum nahen Waldrand. Unmittelbar davor biegen wir scharf links um und gehen am Waldrand leicht abwärts bis zu einer großen, sumpfigen Wiese. Jetzt biegen wir mit dem Waldrand nach rechts um und marschieren in westlicher Richtung weiter. Nun tauchen wieder rechts unsere Wegemarkierungen auf. Wir umlaufen in einem großen Linksbogen einige Quellen am Waldhang und kehren dann bald wieder zum Waldrand zurück. Wir sind jetzt im Tal des *Stobber* und unser Weg führt uns in vielen Bögen und Windungen weiter. Bald überschreiten wir das Bächlein *Hölle* und gelangen in einem großen Linksbogen an die *Pritzhagener Mühle*, eine gute Stunde von der Eichendorfer Mühle entfernt.

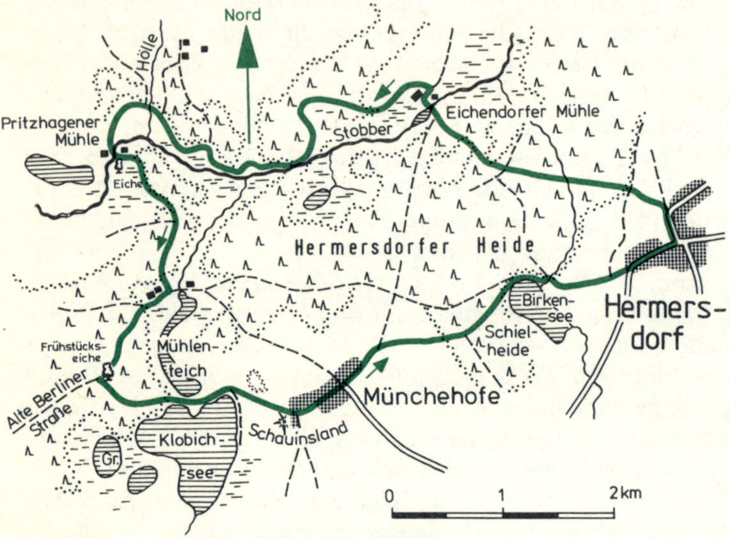

Hier können wir in einer Gaststätte eine Pause einlegen. Wir überschreiten wieder den *Stobber* und treffen sofort danach auf eine 600 Jahre alte Eiche, die eine Höhe von 21 Metern und einen Umfang von 5 Metern aufweist. Von hier aus in Richtung Ost-Süd-Ost weiter durch das Luch und wenig später kurz bergauf. Die grüne Markierung, die wir an der Pritzhagener Mühle verlassen haben, taucht hier noch einmal kurz auf, hat jedoch für uns keine Bedeutung mehr. Unser Weg senkt sich wieder hinab, wir biegen in den breiten Querweg rechts ein und wandern an der Jugendherberge

Station Junger Touristen Wilhelm Pieck vorbei. Wir sind jetzt auf der *Alten Berliner Straße,* die etwas hügelan steigt. Oben müssen wir aufpassen: Zwischen den beiden Schildern mit den Zahlen 7 A und 19 biegen wir halblinks in einen Seitenweg ein und laufen abwärts bis zur etwa 300 Jahre alten *Frühstückseiche*, hinter der wir scharf nach links umbiegen. Zunächst wieder bergauf, kommen wir bald aus dem dichten Wald heraus und laufen zwischen dem *Mühlenteich* und dem *Klobichsee* hindurch. Hinter dem See geht es für kurze Zeit steil bergan bis zu den ersten Häusern von *Münchehofe.* Hier haben wir einen bezaubernden Weitblick vom *Schauinsland* hinüber zu den Seen. Nun nur noch wenige Schritte in östlicher Richtung und wir sind wieder beim Ausgangspunkt angelangt.

24 Von Hermersdorf nach Marxwalde

Weglänge 13 km.
Gehzeit Etwa 3 Stunden.
Entfernung von Berlin 82 km.
Grenzübergang Bornholmer Straße.

Der Beginn der heutigen Wanderung liegt in dem kleinen Markdörfchen *Hermersdorf* (Kreis Strausberg), unweit von Müncheberg an der Fernstraße 1. An der Dorfkirche können wir unser Fahrzeug abstellen. Wir laufen auf der Hauptstraße in östliche Richtung bis zu den letzten Häusern des Ortes. Hier gehen rechts und links zwei Feldwege von der befestigten Straße ab. In den linksabbiegenden schwenken wir ein und laufen in nordöstlicher Richtung durch die Feldmark. Nach etwa 2 Kilometern erreichen wir den Wald und unser Weg führt uns weiter am Waldrand entlang bis zu einer großen Hühnerfarm. Ab hier ist der Weg befestigt und bringt uns in etwa 20 Minuten nach *Marxwalde*. Am Ortseingang biegen wir kurz vor der *Friedrich-Engels-Oberschule* nach rechts ab und haben nach wenigen Minuten den Mittelpunkt des Ortes erreicht. Wir sollten nicht versäumen uns sowohl die sehr gut erhaltene und liebevoll gepflegte

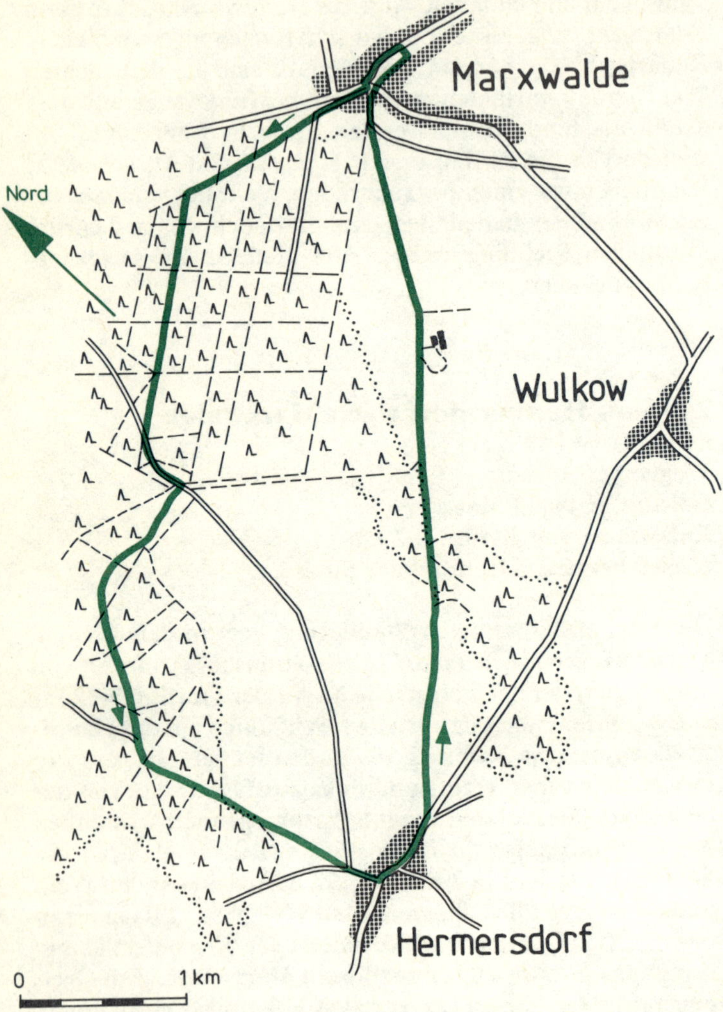
Marxwalde
Nord
Wulkow
Hermersdorf
0
1 km

Kirche, als auch das recht heruntergekommene Schloß mit dem jetzt nichtssagenden Park anzusehen.

Marxwalde hieß bis 1815 Quilitz und dann bis 1945 Neuhardenberg. Hier lebte von 1814 bis zu seinem Tode im Jahre 1822 in Genua der Preußische Staatskanzler Fürst Karl August von Hardenberg. Der Schwiegersohn Hardenbergs, Fürst Pückler, gestaltete die Anlage des Parks. Das 1763 von Prittwitz errichtete eingeschossige Schloß wurde von Schinkel in den Jahren 1820–1823 zweigeschossig umgebaut. Ebenso restaurierte Schinkel im Jahre 1817 die Kirche, die 1801 durch einen Brand zerstört worden war. An der Ostseite der Kirche befindet sich eine dorische Säulenhalle, das von Schinkel gestaltete Mausoleum des Fürsten. Im Altar der Kirche liegt in einer Glasschale das Herz Hardenbergs. Die großen, wunderbaren Wandgemälde stammen von dem italienischen Maler Bertini.

Das Schloß soll in den nächsten Jahren komplett restauriert werden, der Anfang ist mit einem Gartenzimmer bereits gemacht.

Aus der Kirche kommend laufen wir auf der Hauptstraße in westliche Richtung. In die zweite linksabbiegende Straße schwenken wir ein und gehen wenige Meter danach bereits wieder nach rechts. Auf dem *Birkenweg* verlassen wir in west-nord-westlicher Richtung die Ortschaft. Nach etwa 1 Kilometer biegen wir links in den 4. breiteren Weg ab Marxwalde ein, einen dazwischen links in den Wald führenden Trampelpfad haben wir nicht mitgezählt. Nun immer geradeaus durch schönen Laubwald, bald hügelan bis links vor uns eine große Waldwiese auftaucht. Unser Weg wendet sich jetzt halbrechts und trifft kurz danach auf einen breiten Holzabfuhrweg, in den wir linksumbiegend einschwenken. Wir schlendern weiter bis zum nahen Waldrand. Hier wenden wir uns nach rechts und wandern in westlicher Richtung weiter. Von diesem Weg aus haben wir sehr schöne Fernblicke über Wald und Feld. Wir laufen in einigen Kurven in einer knappen halben Stunde bis zu einer befestigten Straße. Auf dieser machen wir linksum und wandern in südliche Richtung bis wir nach knapp 3 Kilometern wieder in *Hermersdorf* angelangt sind.

25 Von Worin nach Alt Rosenthal

Weglänge 10 km.
Gehzeit 2½ Stunden.
Entfernung von Berlin 83 km.
Grenzübergang Bornholmer Straße.
Bemerkung: Diese Tour weist nur wenig Schatten auf und ist für sehr heiße Tage nicht zu empfehlen!

Für unsere heutige, kleine Wanderung wählen wir das Dörfchen *Worin* (Kreis Seelow) als Start- und Zielpunkt. Es liegt etwas nördlich der Fernstraße 1 kurz hinter Müncheberg. Am Ortseingang liegt links, verborgen hinter hohen Laubbäumen, die Dorfkirche. Hier können wir unser Fahrzeug abstellen. Wir verlassen jetzt das Dorf in nord-westlicher Richtung, laufen ein Stückchen am *Haus-See* entlang und halten uns bei der dann folgenden Wegegabel rechts. Auf einem Hohlweg gehen wir in wenigen Minuten auf den *Pflaumen-Berg*. Weiter geht es nun auf einem breiten Feldweg nach Nord-Westen. Bald stoßen wir rechts auf den Waldrand der *Hinter Heide* und wir schlendern nun durch den Wald bis zu einem Bahngleis, etwa eine dreiviertel Stunde ab Worin.

Rund 100 Meter hinter der Bahn wenden wir uns nach rechts und wiederum 100 Meter danach gabelt sich unser Weg. Wir nehmen den linken, der in nord-nord-östlicher Richtung erneut über die Feldmark führt. Etwa 20 Minuten nach dem Bahnübergang erreichen wir die Anwesen von *Bergvorwerk*. Am Ende des Ortes stoßen wir auf einen breiten Querweg, in den wir rechtsumbiegend einschwenken. Unsere neue Richtung heißt jetzt Süd-Ost. Nach einiger Zeit kommen wir wieder an die Bahnlinie und erreichen wenig später durch eine Unterführung die Ortschaft *Alt-Rosenthal.* Das ehemalige Gutshaus lassen wir rechts liegen und kommen auf einen großen, von riesigen Bäumen bestandenen Dorfplatz. Auf der nach Süd-Osten verlaufenden Straße verlassen wir wieder den Ort. Rechts taucht jetzt ein großer Weiher auf. Bei den letzten Häusern biegen wir unmittelbar hinter dem Teich rechts ab und bummeln zunächst durch sehr schönen Laubwald. Bald taucht zu unserer rech-

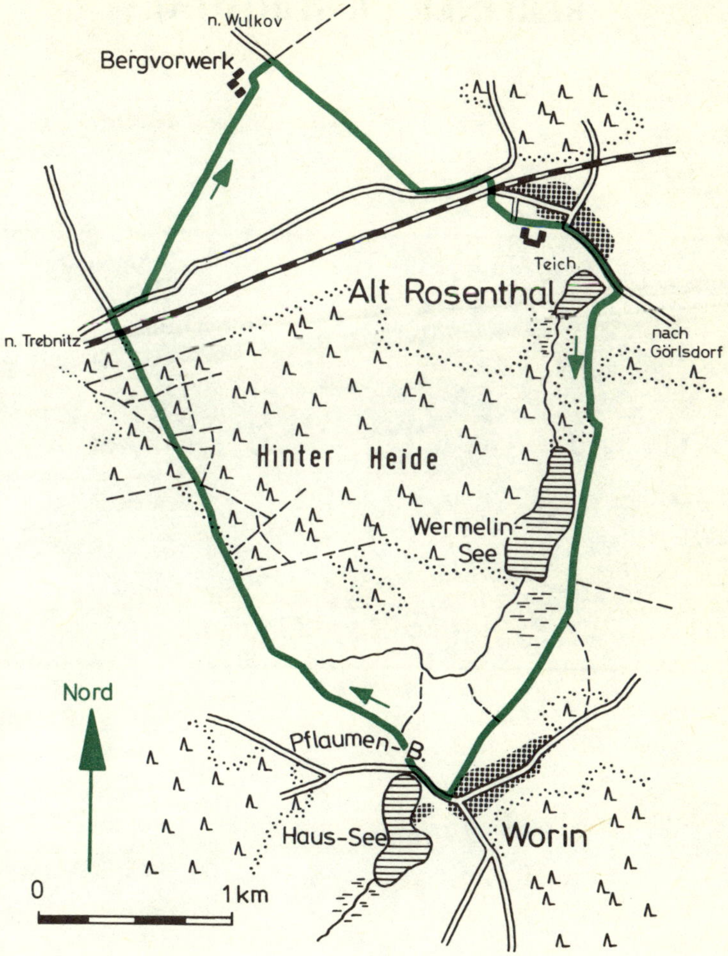

ten Seite der *Wermelin-See* auf, an dessen Ufer wir eine Zeit lang entlang laufen. (Bademöglichkeit). Anschließend laufen wir über den *Spitzen Berg* nach *Worin* zurück, wobei uns unser Weg durch ein Gebiet einer großen Rinder- und Schweinezucht führt.

BERLINER UR-STROMTAL

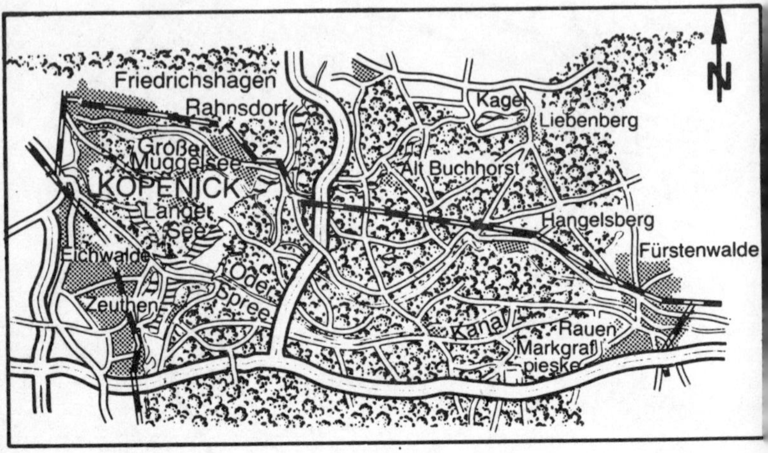

26 Wanderung durch die Müggelberge

Weglänge 12 km.
Gehzeit 3 Stunden.
Entfernung von Berlin 37 km.
Grenzübergang Rudower Chaussee.

Obwohl der Große Müggelsee zu Berlin-Köpenick und nicht zur ehemaligen Mark Brandenburg gehört, habe ich die nachstehend beschriebene Wanderung wegen ihrer Schönheit und Vielseitigkeit bewußt in dieses Büchlein aufgenommen.

Wir fahren zunächst nach *Berlin-Köpenick* und dort auf dem *Müggelschlößchen-Weg* hinunter zum *Großen Müggelsee*, welcher der größte der Berliner Seen und mit seinen etwa 750 Hektar Fläche rund 6mal größer als der Große Wannsee ist. Direkt am Ufer des Sees entdecken wir bei einem Kiosk einen geräumigen Parkplatz.

Auf einem breiten Uferweg, der erst unbefestigt und schon wenig später betoniert ist, beginnen wir unsere Wanderung in südliche Richtung. Meist geht es durch schönen Laubwald, aber immer wieder stoßen wir auf Lichtungen, die uns einen wunderschönen Blick über den gesamten See freigeben. Nach rund 30 Minuten kommen wir an die *Gaststätte Rübezahl* und nach weiteren 10 Minuten stoßen wir auf das *Ausflugslokal Müggelseeperle*. Wir laufen jetzt noch etwa 300 Meter in der bisherigen Richtung weiter. Wo See und Weg scharf nach links umbiegen, sehen wir einen nach rechts abzweigenden Jagenweg, der in Richtung Süden (mit ein klein wenig Westen) verläuft. In diesen Weg biegen wir ein. Bald darauf überqueren wir den *Müggelheimer Damm*. Jetzt müssen wir scharf aufpassen! Die Fortsetzung unseres Weges ist der genau auf der anderen Straßenseite kaum auszumachende Trampelpfad bergauf, also weder der links, noch der rechts abzweigende, breite Waldweg. Nun geht es steil hinauf in die *Müggelberge*. Oben angekommen laufen wir neben dem Zaun eines Pflanzgartens in eine kleine Senke und drüben wieder hinauf. Wir treffen oben auf eine Unterstandshütte. Nun weiter in der gleichen Richtung bergab. Unten überqueren wir einen breiten Waldweg und

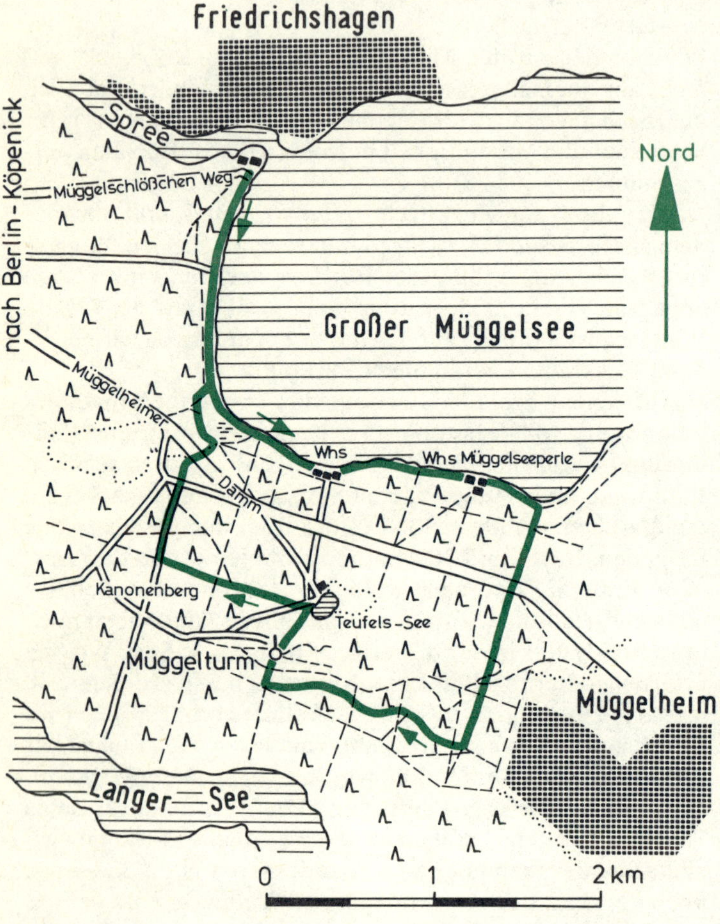

Friedrichshagen
Spree
nach Berlin-Köpenick
Müggelschlößchen Weg
Nord
Großer Müggelsee
Müggelheimer
Damm
Whs
Whs Müggelseeperle
Kanonenberg
Teufels-See
Müggelturm
Müggelheim
Langer See
0
1
2 km

sehen links im Tal die Ortschaft Müggelheim. Wir schlendern weiter und überschreiten bald darauf ein befestigtes Forststräßchen. Nun etwa 200 Meter leicht bergab und dann in den ersten Querweg nach rechts einbiegen. Schon nach wenigen Metern zeigt uns ein links des Weges stehender Jagenstein (193–194–195), daß wir auf dem rechten Wege sind. Wir laufen nun auf diesem Weg gut einen Kilometer in west-nord-westlicher Richtung weiter bis wir auf einen Querweg treffen, der nach rechts mit vielen Stufen zum 115 Meter hohen *Müggelturm* führt. Wir sind jetzt insgesamt knapp 2 Stunden unterwegs.

Der 1889 im chinesischen Pagodenstil errichtete Müggelturm brannte im Mai 1958 ab und ist durch einen 20 Meter hohen Stahlbetonbau ersetzt worden, von dem man eine herrliche Sicht auf die schöne Müggellandschaft hat. Hier befindet sich auch eine fast immer überfüllte Ausflugsgaststätte.

Wir lassen nun den Turm links liegen und steigen über viele Stufen in nördlicher Richtung zum idyllisch gelegenen *Teufels-See* hinunter. Auch hier wieder Einkehrmöglichkeit und Besichtigung eines *Waldlehrpfades* um den See herum.

Wir verlassen den Teufelssee auf breitem Wege in west-nord-westlicher Richtung. Nach Überschreiten eines Jagenkreuzes gehen wir auf dem *Kanonenberg* entlang bis wir auf eine Schlucht treffen. Hier biegen wir rechts um und laufen in nördlicher Richtung weiter, überschreiten bald eine Fahrstraße und wenig später wieder den *Müggelheimer Damm*. Kurz danach sehen wir links eine Schutzhütte, vor der wir nach links umschwenken. Wir marschieren jetzt in Richtung Norden und stoßen bald am See-Ufer auf den uns bereits bekannten Ufer-Weg, der uns nach einem guten Kilometer wieder an unserem Fahrzeug abliefert.

Bemerkung: Diverse Bademöglichkeiten in meist sehr verträumt gelegenen, kleinen Buchten entlang des Großen Müggelsees sind gegeben. Wegen der Nähe der Innenstadt und der Beliebtheit dieses Ausflugszieles ist dieses Gebiet an Sonn- und Feiertagen überwiegend in den Sommermonaten meist restlos überlaufen und sollte nicht gerade zu diesen Zeiten aufgesucht werden.

27 Von Kienbaum nach Klein Wall

Weglänge 17 km.
Gehzeit 4 Stunden.
Entfernung von Berlin 62 km.
Grenzübergang Bornholmer Straße.

Wir beginnen mit dieser Wanderung in dem Dorf *Kienbaum* (Kreis Fürstenwalde), welches östlich von Berlin und unweit der Fernstraße 1 liegt.

Kienbaum, um die Mitte des 13. Jahrhunderts gegründet, war einst Mittelpunkt der bis in die slawische Zeit zurückreichenden Waldbienenzucht. Die Imker aus der nahen und weiteren Umgebung haben sich bis in das 16. Jahrhundert hinein jährlich im August zu Beratungen hier getroffen. Es wurde im 30jährigen Krieg zerstört, jedoch entstand schon bald nach 1648 ein neues, kleines Angerdorf, in welchem in den Jahren 1891–1896 mehrere rätselhafte Brände ausbrachen. Diese Brandschäden regten den Dichter Gerhart Hauptmann, der von 1885–1889 in Erkner bei Berlin lebte, zu seinem Werk »Der Rote Hahn« an. Ein Gedenkstein für den Dichter befindet sich hinter der Kirche, hinter der wir auch unser Fahrzeug abstellen können.

Wir gehen von hier aus in südliche Richtung und wenden uns am Ende des Ortes hinter dem Haus No. 13 nach halbrechts und schlendern auf einem Feldweg in südwestliche Richtung. Nach einiger Zeit kommen wir in den Wald und marschieren jetzt auf einer überdimensional breiten Schneise gut 3½ Kilometer in der gleichen Richtung. Kurz bevor wir an den Waldrand kommen, rechts und links von uns sind frisch angepflanzte Flächen, gabelt sich der Weg. Die breite Schneise macht eine Linkskurve, während unser Weg geradeaus weiterläuft. Wir betreten jetzt das *Landschaftsschutzgebiet Grünau – Grünheider Wald- und Seengebiet*, an dessen Rand unser Weg bereits von Kienbaum an verlief. Rechts taucht jetzt das Moorgebiet um die *Löcknitz* auf. Nun noch etwa 2 Kilometer immer in der gleichen Richtung durch schönen Mischwald und dann stehen wir unverhofft vor der Mühle und dem Anwesen von *Klein Wall*. Bereits an der Mühle haben wir die rauschenden Wasser der

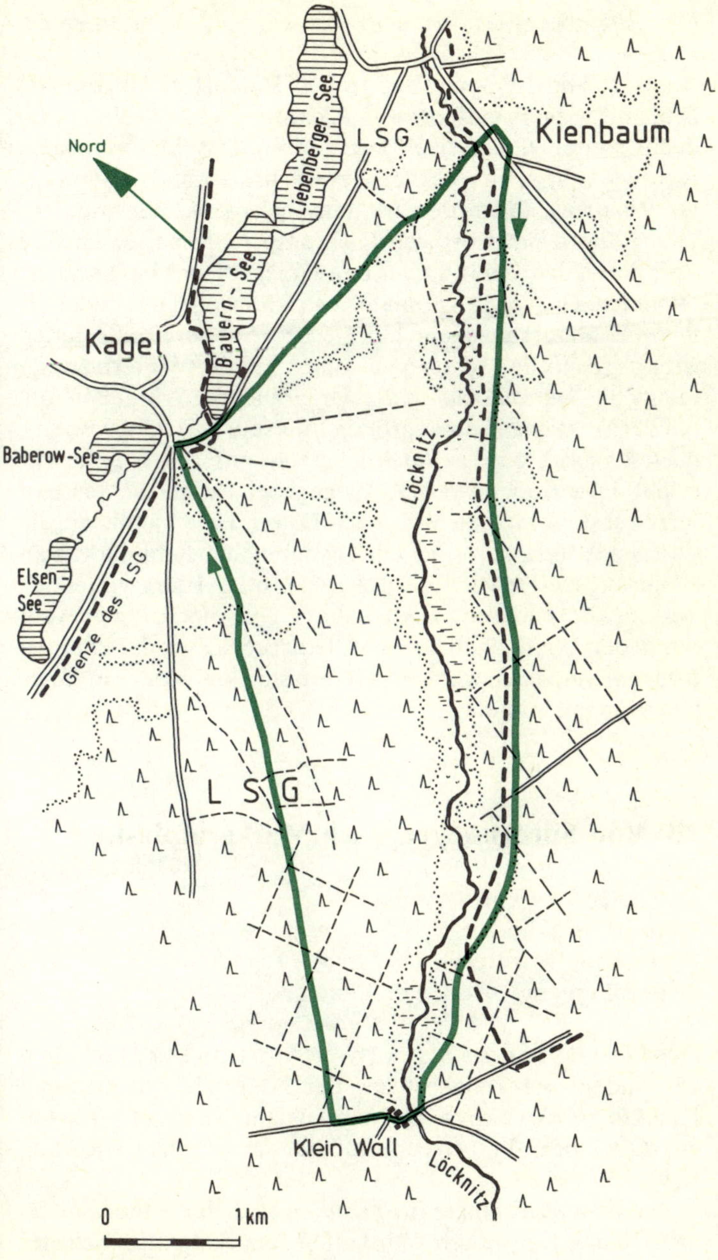
Nord
Liebenberger See
Bauern-See
LSG
Kienbaum
Kagel
Baberow-See
Elsen-See
Grenze des LSG
Löcknitz
L S G
Klein Wall
Löcknitz
0
1 km

Löcknitz überquert. Wir sind jetzt knapp 2 Stunden unterwegs.

Klein Wall ist heute ein großes Kinderferienlager. Am Ende des Lagers laufen wir in Richtung Nord-Westen geradeaus weiter. Schon nach wenigen hundert Metern zweigt rechtwinkelig nach rechts ein ebenso breiter und unbefestigter Waldweg ab, in den wir einschwenken. Wir wandern jetzt in nord-nord-östliche Richtung, zunächst für längere Zeit durch den Wald, später dann über offenes Feld und erreichen nach etwa 5 Kilometern ab Klein Wall das in der offenen Feldmark gelegene Dorf *Kagel.* Auf der Straße halten wir uns rechts und schon nach knapp hundert Metern zweigt rechts die *Seestraße* ab, in die wir einbiegen. Wir gehen nun auf der *Seestraße* in einer großen Linkskurve so lange weiter, bis links das Ufer des *Bauern-Sees* an unseren Weg heranreicht. Hier finden wir eine Wegegabel vor und schlendern jetzt auf dem rechten Weg nach Osten. Bald haben wir die Ortschaft verlassen und laufen durch die Feldmark. Am Waldrand treffen wir auf ein Wegekreuz, bei dem wir jedoch unsere alte Richtung beibehalten. Nun noch einige Zeit durch den Wald, dann auf einer Holzbrücke wieder über die *Löcknitz* und nach wenigen Metern sind wir wieder in *Kienbaum* angekommen.

28 Von Spreenhagen nach Markgrafpieske

Weglänge 17 km.
Gehzeit 4 Stunden.
Entfernung von Berlin 66 km.
Grenzübergang Rudower Chaussee.

Das Markdorf *Spreenhagen* (Kreis Fürstenwalde) erreichen wir, indem wir zunächst auf der Autobahn in Richtung Frankfurt/Oder fahren. Bei der Ausfahrt Storkow verlassen wir diese und halten uns unmittelbar danach links, Richtung Erkner.

Auf dem Marktanger in *Spreenhagen* in der Nähe der Kirche können wir parken. Wir laufen zunächst einige Schritte

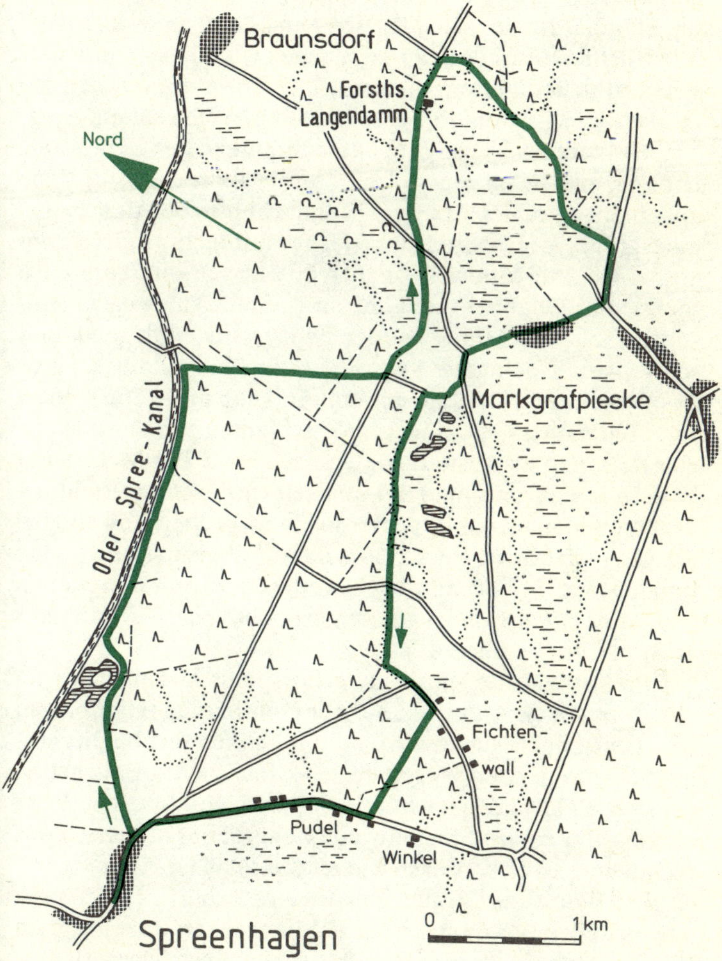
Braunsdorf
Forsths.
Langendamm
Nord
Markgrafpieske
Oder - Spree - Kanal
Fichten-
wall
Pudel
Winkel
Spreenhagen
0
1 km

zurück. Wo die Dorfstraße auf die breite Durchfahrtsstraße mündet, geht gegenüber in nord-östlicher Richtung ein breiter Feldweg ab, auf dem wir unsere heutige Tour beginnen. Wir bummeln zunächst durch Felder, gelangen dann zum nahen Wald und sehen wenig später zu unserer linken Seite die Seitenarme des Kanals. Vor dem Zaun eines landwirtschaftlichen Betriebsgeländes machen wir linksum und marschieren neben diesem bis zum *Oder-Spree-Kanal*, den wir in etwa 20 Minuten ab Spreenhagen erreicht haben.

Jetzt laufen wir eine gute halbe Stunde neben dem Kanal entlang, zuerst auf einem breiteren Waldweg, später dann auf einem schmalen Fußweg. Wenn rechts neben dem Kanal eine große, wiesenähnliche Fläche auftaucht, müssen wir aufpassen. Am Ende dieser Fläche biegt unser Zaun nach rechts um. Daneben verläuft ein breiter Waldweg in süd-süd-östliche Richtung, in den wir rechtsumbiegend einschwenken. Nach etwa 1 Kilometer treffen wir auf ein großes Wegekreuz. Die Jagennummern 1565 und 1566 sind an zwei Bäumen angeschlagen. Wir schlendern in der bisherigen Richtung weiter und stoßen nach etwa 200 Metern auf eine andere Kreuzung. Hier machen wir linksum, Richtung Osten und laufen wenig später in einem großen Linksbogen um ein verlandetes Luch. Kurz darauf überqueren wir eine unbefestigte Straße und nach weiteren 15 Minuten haben wir das *Forsthaus Langendamm* erreicht. Wir sind nunmehr etwa 2 Stunden unterwegs.

Rund 300 Meter hinter dem Forsthaus kommen wir an ein großes Wegekreuz unter einer Oberleitung. Hier biegen wir rechts, nach Süden also, um und halten uns bei der unmittelbar folgenden Wegegabel ebenfalls rechts. Bald haben wir den Waldrand erreicht und bummeln auf breitem Wege bis zur Straße nach Fürstenwalde weiter. Hier halten wir uns rechts und erreichen nach kurzer Zeit das Dorf *Markgrafpieske*. Wenn die Straße im Ort eine scharfe Linkskurve macht, sehen wir unmittelbar dahinter einen unbefestigten Weg rechts nach Braunsdorf abzweigen, in welchen wir einbiegen. Einen guten Kilometer hinter dem Dorf treffen wir auf eine Wegegabel, bei der wir den linken Weg wählen. Vorbei an einem kleinen Friedhof führt uns unser Weg in einer großen Rechtskurve in den nahen Wald. Wo eine Hochspannungsleitung unseren Weg kreuzt, schwenkt unser Weg scharf nach links um. Unsere Marschrichtung heißt jetzt Westen. Bald taucht der uns vom Herweg bekannte Drahtzaun wieder auf. Wir laufen solange an ihm entlang, bis dieser nach rechts umbiegt. Nun noch etwas geradeaus weiter bis zum ersten Haus von *Fichtenwall*. Hier biegen wir rechts in einen Waldweg nach Westen ab und erreichen nach etwa einer Viertelstunde die Straße bei den Häusern von *Pudel*. Nun wenden wir uns auf der Straße nach rechts und bummeln in 20 Minuten nach *Spreenhagen* zurück.

29 Durch den Fürstenwalder Forst

Weglänge 18 km.
Gehzeit Etwa 4 Stunden.
Entfernung von Berlin 67 km.
Grenzübergang Rudower Chaussee.

Start und Ziel dieser Wanderung ist wieder, wie in Tour No. 28 beschrieben, das Dorf *Spreenhagen* (Kreis Fürstenwalde). Wir parken diesmal allerdings nicht an der Kirche, sondern fahren auf der *Hauptstraße* weiter durch den Ort. Rechterhand liegt das *Einkaufszentrum*, hier finden wir einen Parkplatz.

Wir starten auf der *Hauptstraße* in nördlicher Richtung. Nach Überqueren des *Oder-Spree-Kanals* macht die Fahrstraße eine scharfe Linkskurve. Hier schlendern wir geradeaus weiter und laufen auf einem betonierten Waldweg bis zu einem landwirtschaftlichen Produktionsbetrieb. Ab hier ist der Weg wieder unbefestigt. Jetzt noch 50 Meter weiter und dann halbrechts (Richtung Nord mit etwas Ost) in einen sehr breiten Waldweg einbiegen. Wir bleiben auf diesem Weg und kommen nach etwa 30 Minuten ab Spreenhagen in das Dörfchen *Kirchhofen*.

Hier bummeln wir geradeaus weiter, umrunden später in einer großen Linkskurve den *Großen Kiehn-Horst*, eine moorige Fläche neben der Müggel-Spree. Dann verläuft unser Weg wieder gerade, links liegt eine große Kiefern-Schonung. Wenig später gehen wir durch herrlichen Eichenwald. Wenn unser Weg eine scharfe Rechtskurve macht, sehen wir links hinten das Forsthaus Buchte liegen. Bis hierher haben wir rund 1¼ Stunden gebraucht.

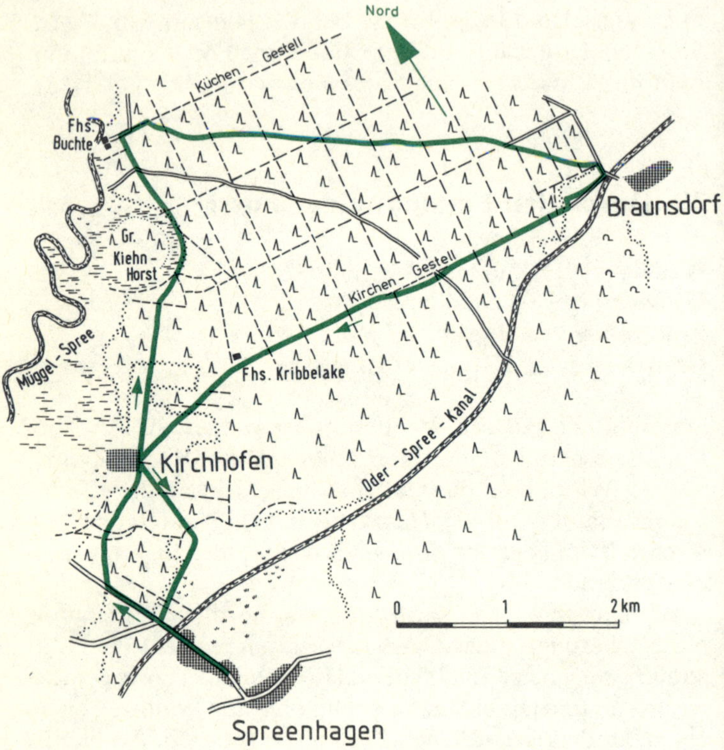

Wir befinden uns jetzt auf dem *Küchen-Gestell*, dem wir jedoch nur etwa 300 Meter nach Osten folgen. Hier biegt dann halbrechts ein grasiger Waldweg in süd-östliche Richtung ab. Bald unterschreiten wir eine große Hochspannungsleitung. Wir überqueren im Verlauf der nächsten guten Stunde nacheinander 9 Jagenwege, wobei an dem letzten die Jagen-Nummer 8159 links oben an einem Baum angebracht ist. Nun noch etwa 200 Meter weiter bis zu einer großen Wegespinne. Hier schwenken wir nach rechts um und laufen in südliche Richtung zum *Oder-Spree-Kanal* hinunter. Hier am Ufer, gegenüber von Braunsdorf, bieten sich schöne Plätze für eine ausgedehnte Rast an. Wir sind jetzt insgesamt etwa 2½ Stunden unterwegs.

Kurz bevor wir vor der Pause den Kanal erreicht hatten, zweigte ein Waldweg nach rechts in westliche Richtung ab, in den wir jetzt links einbiegen. Nach einer rechtwinkeligen Links- und Rechtskurve geht es auf dem *Kirchen-Gestell* immer geradeaus weiter in einer dreiviertel Stunde zum sehr gepflegten *Forsthaus Kribbelake* und von hier in weiteren 20 Minuten zurück nach *Kirchhofen.* An der großen Wegekreuzung im Dorf wählen wir jetzt die nach halblinks führende Straße, die uns zunächst in südlicher, etwas später in süd-westlicher Richtung in einer halben Stunde zu unserem Parkplatz in *Spreenhagen* zurückbringt.

ZWISCHEN STORKOW UND BAD SAAROW-PIESKOW

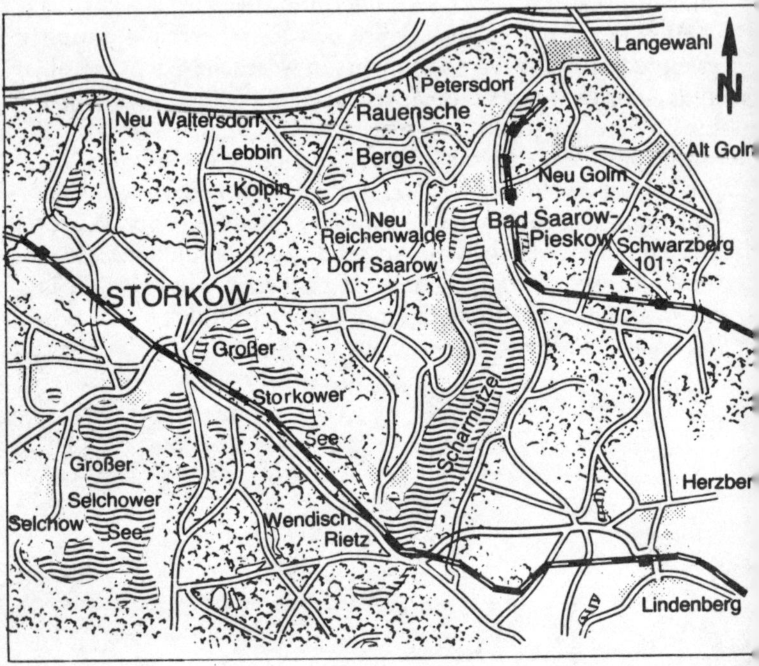

30 Von Rieplos zum Lebbiner See

Weglänge 13 km.
Gehzeit Etwa 3 Stunden.
Entfernung von Berlin 64 km.
Grenzübergang Rudower Chaussee.

Der Startplatz dieser nachstehend beschriebenen Wanderung ist in *Rieplos* (Kreis Beeskow), unweit der Autobahn Berlin – Frankfurt/Oder. Am Ortseingang macht die Durchgangsstraße einen Rechtsknick. Hier sehen wir auf der linken Seite eine Gaststätte mit ausreichend Parkmöglichkeiten davor.

Wir laufen auf der Straße etwa 250 Meter zurück und biegen dann rechts in einen Seitenweg ein. Bei der jetzt unmittelbar folgenden Wegegabel halten wir uns links. Dieser breite Weg führt uns in nördliche Richtung zunächst durch Feld und Wiesen und nach einiger Zeit durch Wald und bringt uns in einer guten halben Stunde zur *Autobahn.* Unmittelbar davor wenden wir uns nach rechts und marschieren auf einem Feuerschutzweg nach Osten. Nach etwa 700 Metern zweigt rechts ein Waldweg ab, der ein wenig schwer auszumachen ist und in den wir einbiegen. Nach kurzer Zeit sehen wir die Jagennummern 1477 und 1478 an zwei Kiefern angebracht. Wir bummeln weiter bis zum Waldrand und schwenken da auf einem Querweg linksum, der uns nach kurzem zur unbefestigten Straße von *Markgrafpieske* nach *Lebbin* führt. Auf der Straße wenden wir uns nach Süden und schlendern in einer Viertelstunde in das Dörfchen *Lebbin.*

Am Ortsausgang halten wir uns halblinks in Richtung Storkow. Unsere Marschrichtung ist nach wie vor Süden. 20 Minuten nach Verlassen des Ortes treffen wir rechts des Weges auf das ehemalige Wirtshaus am *Lebbiner See*. Nun noch wenige hundert Meter bis zu einem Wegekreuz am Jagen 1659. Hier jetzt halbrechts zunächst in südwestliche, wenig später in westliche Richtung einbiegen. Zunächst am See entlang und später durch die Feldmark erreichen wir bald *Neu Boston*. Am Ortsende laufen wir nach Norden bis zu einem Stichkanal. Davor schwenken wir halblinks um

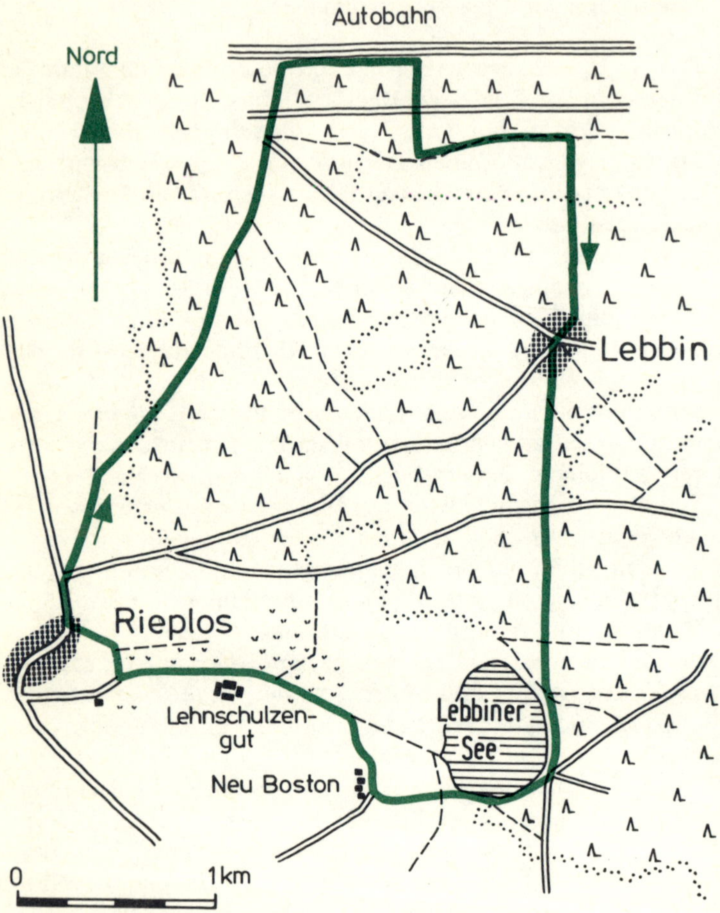
Autobahn
Nord
Lebbin
Rieplos
Lehnschulzen-
gut
Lebbiner
See
Neu Boston
0
1 km

und laufen unmittelbar neben dem Kanal erst am *Friedhof* und später am ehemaligen *Lehnschulzengut* vorbei. Vor uns sehen wir die Häuser von Rieplos. Dort, wo der Kanal einen Linksknick macht, überqueren wir diesen auf einem Steg, gehen geradeaus weiter bis zu einem Querweg, kehren auf diesem linksum und kommen schon wenig später auf dem Parkplatz in Rieplos an.

31 Rund um den Großen Storkower See

Weglänge 20 km.
Gehzeit Etwa 5 Stunden.
Entfernung von Berlin 68 km.
Grenzübergang Rudower Chaussee.

Storkow (Kreis Beeskow) liegt südlich der Autobahn Berlin – Frankfurt/Oder. Das heute etwa 5000 Einwohner zählende Städtchen Storkow wird um 1100 erstmals urkundlich erwähnt und weist in die slawische Zeit zurück. Seit dem Jahre 1445 gibt es als bescheidene Vergrößerung des Ortes die »Neustadt« und Anfang des 16. Jahrhunderts noch die Siedlung »Sandberg«. Im Jahre 1555 starb hier auf seiner Burg der letzte katholische Bischof von Lebus. Storkow wurde durch den 30jährigen Krieg schwer in Mitleidenschaft gezogen: 1627 brannte es fast vollständig nieder und 1647 zählte man 70 wüste Stellen im Ort. Die sehenswerte Pfarrkirche aus dem Jahre 1336 wurde im 19. Jahrhundert erneuert.

Im Zentrum von *Storkow* finden wir auf dem sehr hübschen und altertümlichen Marktplatz genügend Parkraum. Wir laufen zunächst auf der Straße *Am Markt* in nördlicher Richtung an der Pfarrkirche vorbei. Wenig später überschreiten wir auf einer Fußgängerbrücke den *Storkower Kanal* und schlendern immer weiter bis zur Hauptstraße. Hier biegen wir halbrechts in die *Reichenwalder Straße* ein und verlassen in östlicher Richtung den Ort. Bald taucht rechts die Bade-Anstalt im *Großen Storkower See* auf. Hinter den letzten Häusern von *Storkow* zweigt unser Weg rechts von

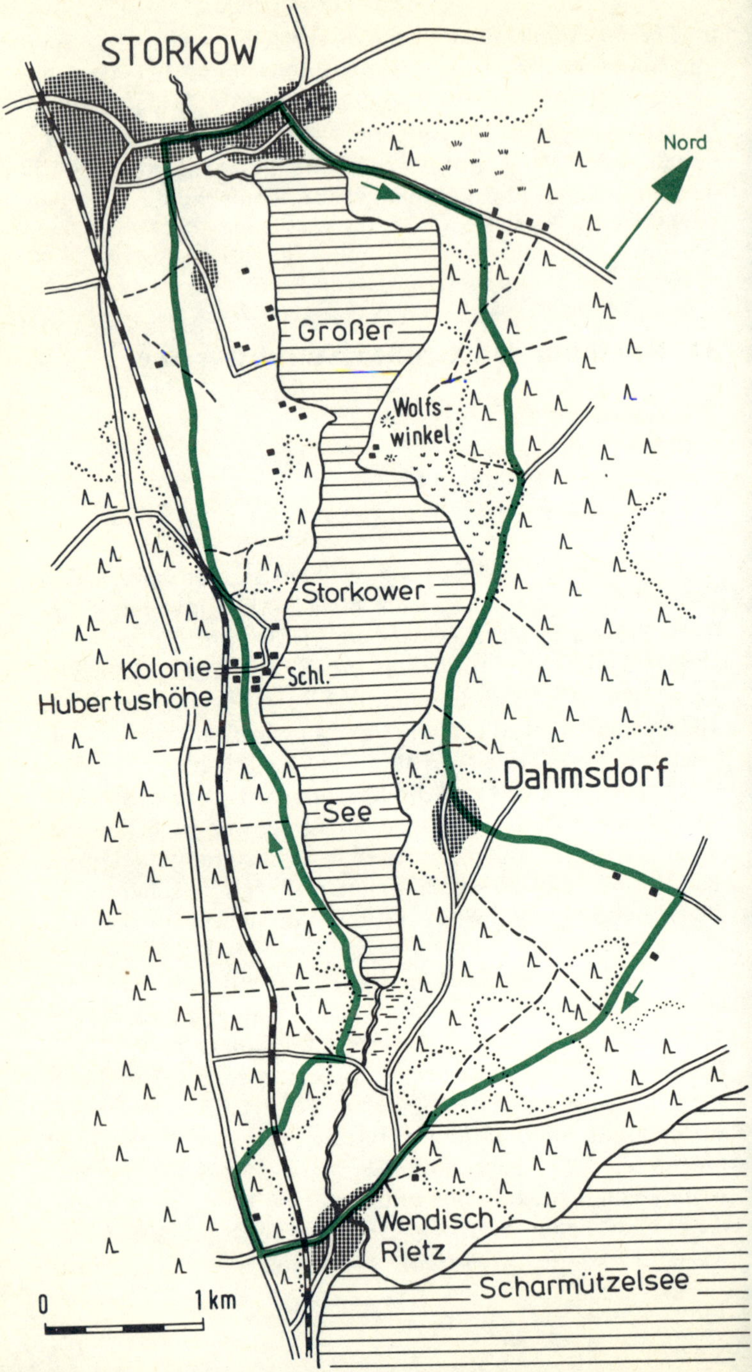
STORKOW
Nord
Großer
Wolfs-
winkel
Storkower
Kolonie
Hubertushöhe
Schl.
Dahmsdorf
See
Wendisch
Rietz
Scharmützelsee
0
1 km

der Fahrstraße nach Dahmsdorf ab (Wegweiser). Wir laufen jetzt in südliche Richtung, rechts vor uns liegt der *Wolfswinkel* mit den größten Binnendünen der Mark. Bei der dann folgenden Wegegabel halten wir uns links und verlassen somit den befestigten Weg. Wir bummeln nun auf einem breiten Waldweg in Richtung Süd-Ost. Bald taucht links neben uns eine große Waldwiese auf, die wir wenig später überqueren und am Waldrand auf der anderen Seite in der gleichen Richtung weitermarschieren. Rechts von uns schimmert jetzt hin und wieder der *Große Storkower See* durch und wir erreichen nach einer guten Stunde ab Storkow das Dörfchen *Dahmsdorf*.

Bei der Wegegabel am Ortseingang halten wir uns links und treffen dann in der Mitte des Ortes auf ein Wegekreuz. Hier laufen wir geradeaus auf der *Silberberger Straße* weiter. Wir sind jetzt auf offenem Feld. Nachdem wir einige alleinstehende Häuser passiert haben, stoßen wir am Waldrand auf einen Querweg, in den wir rechtsschwenkend einbiegen. Dieser bringt uns in einer guten halben Stunde nach *Wendisch Rietz*, einem Dorf am Südufer des *Scharmützelsees*.

Nachdem wir auf der Hauptstraße einen Kanal mit einer Schleuse überschritten haben, zweigt beim *Gasthof Berliner Bürgerbräu* ein Weg halbrechts ab, in den wir einbiegen. Am Ende des Ortes überqueren wir ein Bahngleis und stoßen bald darauf auf die Straße 246, in die wir rechtsum einschwenken. Wir laufen auf ihr etwa 500 Meter nach Nordwesten. Dort, wo sie einen kleinen Rechtsknick macht, sehen wir mehrere Wege an die Straße herankommen. Wir biegen hier in den nach Norden weisenden Waldweg ein. Auf ihm gehen wir in wenigen Minuten bis unterhalb eines Bahnkörpers. Jetzt halbrechts und anschließend in einem Linksbogen über das Gleis (Wegesteine!). Wir laufen jetzt durch sehr hügeliges Waldgebiet weiterhin in nördliche Richtung. Wenn unser Weg an einer Schonung endet, wenden wir uns nach halbrechts und wandern abwärts bis wir unten auf einen sehr breiten Waldweg stoßen, in den wir scharf links einbiegen. Schon nach wenigen Metern kommen wir an eine Gabelung. Wir wählen nun den nach rechts am Wiesenrand verlaufenden Weg, der wieder nach Norden führt. Nach kurzer Zeit müssen wir eine ausgedehnte, sumpfige

Stelle überqueren, die in nassen Jahreszeiten festes und vor allem wasserdichtes Schuhwerk erfordert. Kurz darauf stehen wir vor dem *Großen Storkower See*, von dem wir allerdings nicht allzu viel zu sehen bekommen, da er von einem hohen und breiten Schilfgürtel umgeben ist. Unser Weg, der uns ständig in Wassernähe entlangführt, bringt uns dann nach einiger Zeit an die *Kolonie Hubertushöhe*. Jetzt laufen wir wieder auf asphaltierter Straße, vorbei an schönen Wochenendhäusern und wenig später am *ehemaligen Schloß*, das heute als Krankenhaus genutzt wird. Bald danach treffen wir erneut auf den Bahnkörper, neben dem wir für etwa 700 Meter entlanglaufen. Dann wendet sich unser Weg nach halbrechts. Nun auf diesem weiter geradeaus, zunächst durch Felder und Wiesen, dann etwas später durch Laubwald. Wir brauchen nicht mehr lange zu laufen, dann tauchen die ersten Häuser von *Storkow* auf. An einer Wiese wendet sich unser Weg nach rechts und erreicht kurz darauf eine Teerstraße, auf der wir in 10 Minuten zu der ehemaligen *Burg Storkow* gelangen. Nun brauchen wir nur noch die Umgehungsstraße zu kreuzen und kommen dann wieder auf dem *Marktplatz* in *Storkow* an.

Bemerkung: Diese Wanderung führt in ihrer ganzen Länge durch das *Landschaftsschutzgebiet Storkower See*.

32 Von Petersdorf zu den Markgrafen-Steinen

Weglänge 10 km.
Gehzeit 2½ Stunden.
Entfernung von Berlin 79 km.
Grenzübergang Rudower Chaussee.

Im Süden von Fürstenwalde liegt 2 Kilometer nach der gleichnamigen Autobahnausfahrt das besonders hübsch gelegene Dorf *Petersdorf* (Kreis Fürstenwalde), direkt am *Petersdorfer See*. Bei der Omnibus-Haltestelle in der Mitte des Ortes liegt rechts der Straße ein großer, freier Platz, auf dem wir unser Auto abstellen können.

Wir laufen zunächst die *Dorfstraße* in nördliche Richtung hinauf, kommen an einer uralten Eiche vorbei und treffen am Ortsausgang auf eine Wegegabel, bei der wir uns links halten. Bei der nächsten Gabel nach wenigen Schritten halten wir uns wiederum links. Nun geht es kurz durch einen Hohlweg, dann über freies Feld zum nahen Waldrand. Am Anfang des Waldes stoßen wir erneut auf eine Wegeteilung, bei der wir uns ebenfalls links halten. Jetzt geht es hinein in

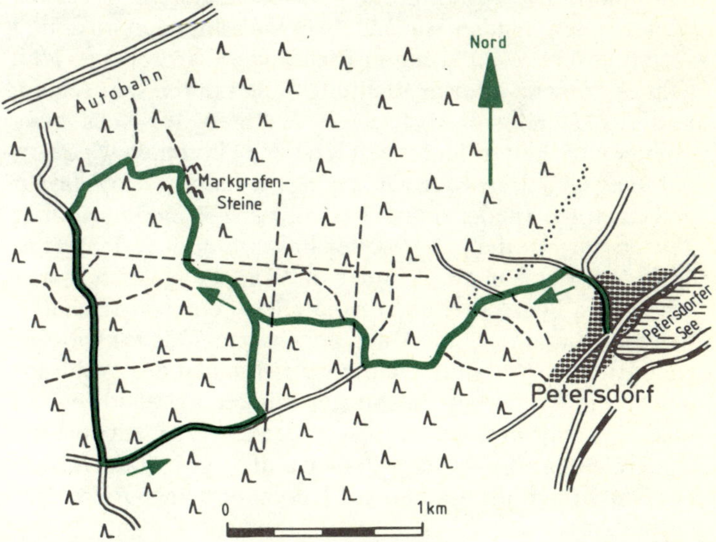

das *Landschaftsschutzgebiet* der *Rauenschen Berge*, die eine Höhe bis zu 148 Metern erreichen. Bald taucht nach einer Kiefernschonung ein großes Tagebaugelände auf (Schild). Hier wenden wir uns scharf nach rechts und marschieren in Richtung Norden weiter. Bald treffen wir auf einen von links herankommenden, breiteren Waldweg, auf dem wir weiterlaufen und der uns nach etwa einer Viertelstunde bei den *Markgrafen-Steinen* abliefert. Hier können wir in einem Wetterhäuschen mit einer Sitzbank eine Rast einlegen.

Bei den *Markgrafen-Steinen*, von denen der Größere einen Umfang von immerhin 22 Metern aufweist, handelt es sich um Riesen-Granitfindlinge, die vermutlich in der Eiszeit mit dem Gletschereis aus Schweden hierher transportiert worden sind.

Nach einer Pause laufen wir zunächst in der bisherigen Richtung weiter, gelangen wenig später auf ein schmales Teersträßchen und machen mit diesem eine Linkskurve. Bei der dann folgenden sehr scharfen und abwärts führenden Rechtskurve biegen wir dann links in einen Waldweg ab und schlendern bis zu einer großen, ausgeschilderten Kreuzung weiter. Hier wenden wir uns rechtwinkelig nach links und setzen unsere Wanderung in Richtung »Saarow« fort. Nun geht es immer weiter in Richtung Süden durch sehr schöne und sich ständig abwechselnde Waldgebiete. Nach etwa 1 Kilometer hinter der letzten Kreuzung kommen wir zu einer Wegegabel, bei der wir uns rechts halten. Kurz darauf erreichen wir wiederum ein beschildertes Wegekreuz. Hier kehren wir mit dem Wegweiser linksum und treffen etwas später wieder auf die Schilder des Tagebaugeländes. Anschließend überschreiten wir die Gleise einer Wirtschaftsbahn und bummeln auf kahler, abgeholzter Fläche in nördlicher Richtung bergauf. Bald nach Erreichen des Waldrandes kommt von rechts in spitzem Winkel ein Waldweg auf uns zu, in den wir rechts einbiegen. Dieser Weg, auf dem wir diese Wanderung begonnen haben und den wir vom Herweg kennen, bringt uns nach etwa 3 Kilometern nach *Petersdorf* zurück.

33 Von Radlow um den Dachsberg

Weglänge 10 km.
Gehzeit Etwa 2½ Stunden.
Entfernung von Berlin 87 km.
Grenzübergang Rudower Chaussee.

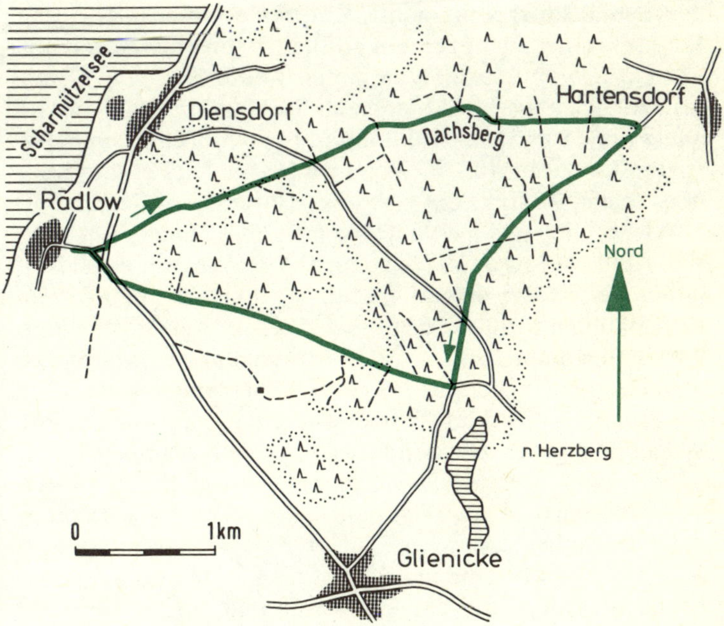

Radlow (Kreis Fürstenwalde) ist ein kleines Dorf am Ostufer des *Scharmützelsee*s, der mit einer Wasserfläche von 1380 Hektar der größte unter den brandenburgischen Seen ist. Wir fahren auf der Autobahn bis zur Abfahrt Fürstenwalde und wenden uns danach nach links, in Richtung *Bad Saarow-Pieskow*. Etwa 5 Kilometer südlich davon liegt rechts neben der Fahrstraße das Dörfchen *Radlow*. In der Nähe der HO-Gaststätte können wir unser Fahrzeug abstellen.

Wir laufen zunächst zur Fahrstraße zurück, indem wir uns davor an der Wegegabel links halten. Nun überschreiten wir die Straße halblinks und gehen in einen nach Ost-Nord-Ost abzweigenden Feldweg hinein. Jetzt leicht bergan etwa 1,5 Kilometer bis zu einer vergrasten Wegespinne oben am Waldrand. Wir halten uns weiterhin geradeaus und bummeln auf geheimnisvollem Wege in Kurven und Windungen durch manchmal recht dichtes Laubwald-Unterholz. Unser Weg führt uns jetzt in einem großen Halbrechts-Bogen um den *Dachsberg* herum. Nun immer weiter Richtung Osten bis wir nach etwa 1 1/4 Stunden ab Radlow den Wald durchquert haben und am Waldrand auf einen breiten, unbefestigten Querweg stoßen. Wenn wir bis an den Feldrand gehen, sehen wir links die Ortschaft Hartensdorf liegen.

Wir wenden uns jetzt nach rechts und schlendern in süd-süd-westlicher Richtung auf dem breiten Wege etwa 30 Minuten weiter. Bei dem 5. großen Wegekreuz sehen wir an zwei Bäumen rechts und links des Weges große, mit weißer Farbe angemalte Zahlen. Hier schwenken wir nach rechts um. Die drei rechts des Weges nebeneinander stehenden Löschwasser-Anschlußstellen etwa 50 Meter hinter dem Wegekreuz geben uns den Beweis auf dem richtigen Wege zu sein. Nun marschieren wir in westlicher Richtung weiter und kommen bald auf freies Feld hinaus. Vor uns schimmert der Scharmützelsee. Nach einiger Zeit passieren wir den rechts im Wald liegenden Friedhof. Es sind nur noch wenige Minuten bis hinunter zur Fahrstraße und auf ihr kommen wir wenig später nach *Radlow* zurück.

DER SPREEWALD

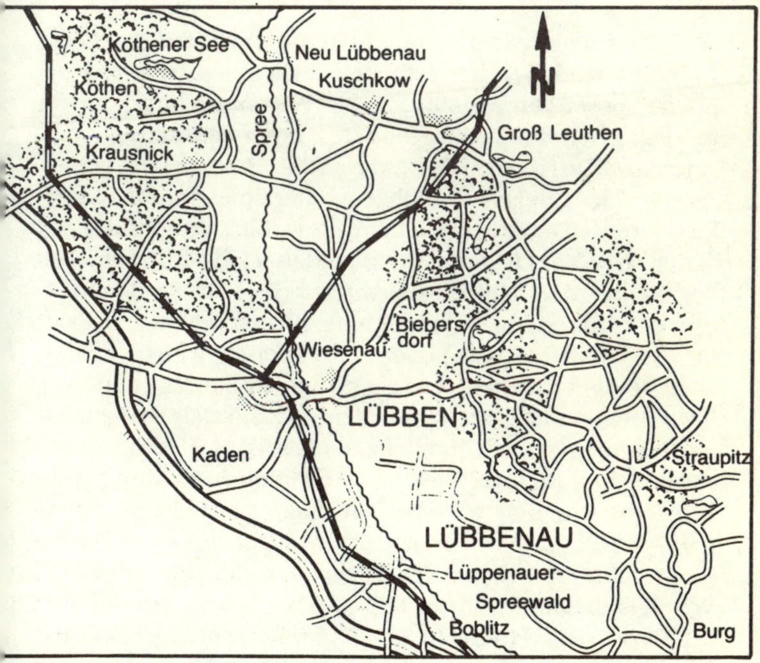

34 Waldwanderung in die Krausnicker Berge

Weglänge 16 km.
Gehzeit 4 Stunden.
DDR-Wanderkarte 1:50000 Spreewald
Entfernung von Berlin 94 km.
Grenzübergang Rudower Chaussee.

Obwohl die nachstehend beschriebene Wanderung von besonderer Schönheit ist, stellt sie jedoch keineswegs eine typische Spreewald-Wanderung dar. Wer dieses haben möchte, dem seien die nachfolgenden Touren empfohlen.

Krausnick (Kreis Lübben), am Westrand des Unterspreewaldes gelegen, erreichen wir über die Autobahn Berlin – Dresden nach der Ausfahrt Freiwalde. Wir parken hier in der Mitte des Ortes bei der Bus-Haltestelle und dem »Rat der Gemeinde«. Nun laufen wir auf der Dorfstraße entgegen der bisherigen Fahrtrichtung zurück, gehen an einer Gaststätte vorbei und lassen die Linkskurve nach Schönwalde (Wegweiser) unberücksichtigt; in den zweiten Weg nach rechts, und zwar hinter dem Haus Nr. 54 biegen wir nach Norden ein. Bis zum letzten Haus der Ortschaft ist unser Weg befestigt, geht jedoch dann in einen Feldweg über. Zunächst wandern wir über die Felder, erreichen jedoch bald den Wald. Nach kurzer Zeit taucht links das Naturschutzgebiet mit dem *Luchsee* auf. Bei der nun folgenden Wegegabel halten wir uns halbrechts, bleiben also auf dem breiteren Weg. Nun geht es ständig bergan. Nachdem wir den höchsten Punkt erreicht haben, kommt von rechts ein breiter Jagenweg, den wir jedoch schon nach 10 Metern nach halbrechts wieder verlassen. Nach knapp 100 Meter kommen wir auf einen querenden Weg, auf dem wir nach rechts umbiegen, also in östliche Richtung laufen. Schon bald danach stoßen wir in einer großen Kiefer-Anpflanzung auf ein Wegekreuz. Hier machen wir linksum und bummeln durch wunderschönen Laub- und Mischwald bergab, unten rechts taucht jetzt der *Schwanensee* auf. An einer Wegegabel, wo unser Weg eine Linkskurve macht, verlassen wir diesen und gehen geradeaus weiter auf einem schmaleren Pfad, der mit einem grünen Dreieck markiert ist. Schon nach etwa

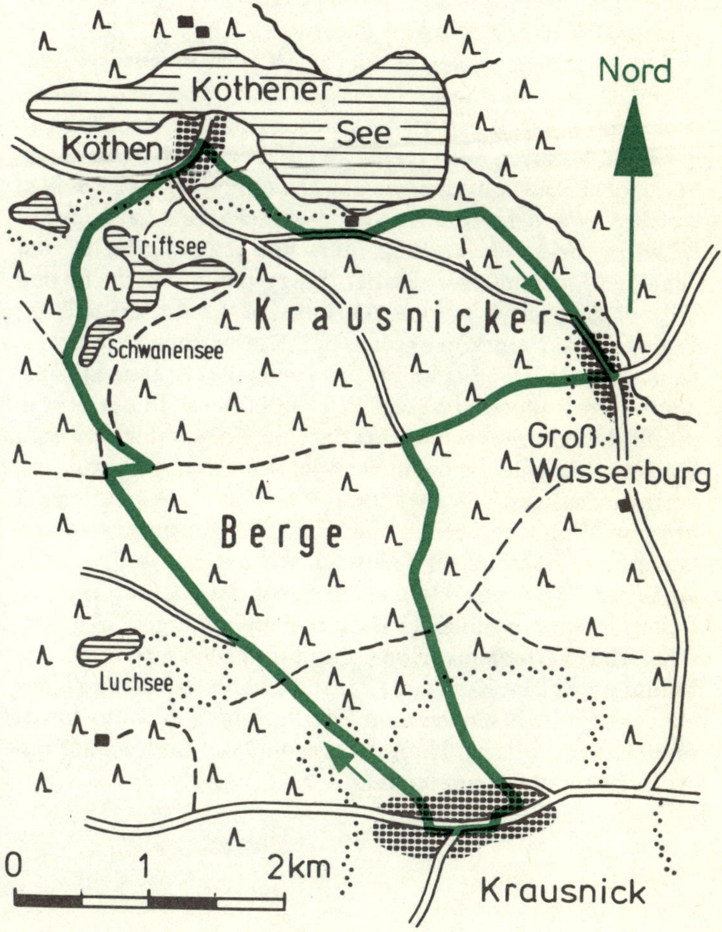
Nord
Köthener
See
Köthen
Triftsee
Schwanensee
Krausnicker
Berge
Groß
Wasserburg
Luchsee
Krausnick
0
1
2km

50 Metern teilt sich der Weg, der jetzt sehr grasig geworden ist. Wir schwenken nach rechts um und gehen in nördlicher Richtung weiter bis von links ein breiter Waldweg heranführt, auf dem wir weiterbummeln. Nach einiger Zeit kommen wir zum malerisch gelegenen *Triftsee* und erreichen nach einer weiteren Viertelstunde das Dorf *Köthen.* Wir sind jetzt knapp 2 Stunden unterwegs.

Am Ortseingang sehen wir rechts den Wegweiser, der nach Groß Wasserburg zeigt, lassen aber diese Straße unberücksichtigt. Nach den ersten Häusern auf der rechten Seite biegt ein Feldweg nach rechts ab (Wegweiser FDGB-Heim »Haus am See«), in den wir einschwenken. Bald erreichen wir das *Ferienheim* und wenig später stehen wir am Ufer des *Köthener Sees.* Unser Weg führt uns jetzt wieder in den Wald und an eine Wegegabel. Hier wählen wir nicht den Fahrweg, sondern halten uns links. Bald treffen wir am Waldrand auf ein Wegekreuz, bei dem wir geradeaus weiterlaufen. Dieser Weg liefert uns nach einer Stunde ab Köthen in *Groß Wasserburg* ab. Wir schlendern auf der Straße durch den Ort, bis wir rechts an eine Litfaßsäule vor dem Haus No. 27 gelangen. Hier wenden wir uns nach rechts und verlassen in westlicher Richtung den Ort. Jetzt geht es auf breitem Waldweg wieder hinein in die *Krausnicker Berge*. Nach einer halben Stunde stoßen wir auf eine breite, aber versetzte Kreuzung. Hier machen wir scharf linksum und bummeln nun in südlicher Richtung meist bergab. Nach einiger Zeit verlassen wir den Wald und schlendern auf der Feldmark weiter. Kurz vor Krausnick halten wir uns an einer Wegegabel rechts, nach dem Friedhof links. Nun noch wenige Schritte bis zur Hauptstraße und wir sind wieder am Ausgangspunkt angekommen.

35 Von Schlepzig an die Hauptspree

Weglänge 14 km.
Gehzeit 3½ Stunden.
DDR-Wanderkarte 1:50000 Spreewald
Entfernung von Berlin 86 km.
Grenzübergang Rudower Chaussee.

Der Spreewald ist ein Niederungsgebiet von dem man ohne Übertreibung behaupten kann, daß diese merkwürdige Fluß-Insellandschaft einmalig in ganz Europa ist. Die Spree und ihre Zuflüsse Berste und Malxe müssen mit sehr geringem Gefälle ein flaches Wald- und Wiesengebiet durchqueren, sodaß das Wasser fast jede Bauminsel umspült. Die Breite der sogenannten »Fließe« liegt zwischen einem und 25 Meter. Das flache Wasser, manchmal nur knapp 25 Zentimeter tief, ist vorherrschend. Deswegen bauten die Spreewäldler, die westslawischen Wenden, heute auch Sorben genannt, den geteerten Stoßkahn, der auch heute noch Verkehrsmittel ist, wenn auch leider mit einem laut knatternden Außenbordmotor versehen. Der Spreewald, eines der populärsten Touristenziele der DDR, gliedert sich in Unter- und Oberspreewald mit einer Gesamtlänge von etwa 75 Kilometern und einer maximalen Breite von rund 15 Kilometern. Der Unterspreewald, im Norden von Lübben gelegen, ist mit seinen überschwemmten Erlenbruchwäldern weniger bekannt als der touristisch weit mehr genutzte Oberspreewald um die Orte Lübbenau und Burg.

Schlepzig (Kreis Lübben) erreichen wir über die Autobahn Berlin – Dresden. Das Dorf *Schlepzig* wird als »Zloupisti« bereits um das Jahr 1000 von Kaiser Heinrich II. urkundlich erwähnt und zählt deshalb zu den ältesten Örtlichkeiten der Mark. Im Verlauf des 30jährigen Krieges war der Spreewald im allgemeinen Zufluchtsstätte für die bedrängte Bevölkerung.

In der *Dorfstraße* in *Schlepzig* (Wegweiser Richtung Krausnick) können wir vor Überqueren der *Hauptspree* unser Auto abstellen. Wir verlassen nun auf einem Feldweg in südlicher Richtung das Dorf, biegen dann an einem Querweg rechts um und schlendern etwas später wieder nach Sü-

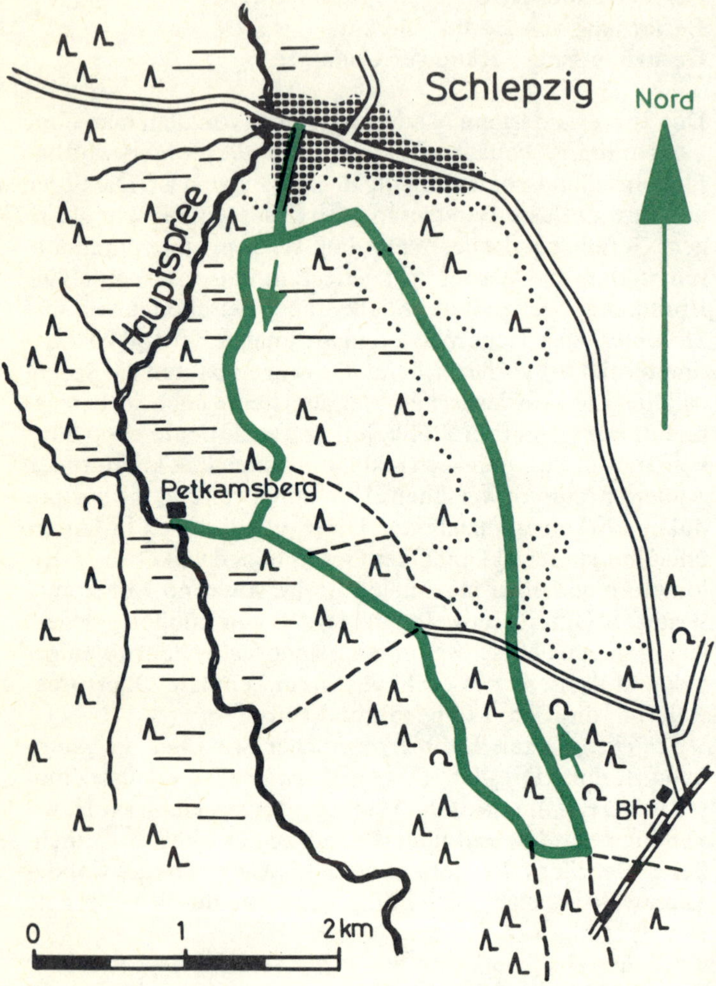
Schlepzig
Nord
Hauptspree
Petkamsberg
Bhf
0
1
2 km

den durch die versumpften Wiesen an der *Hauptspree*. Nach einiger Zeit kommen wir rechts unseres Weges an den Waldrand. Wo dieser zu Ende ist, gabelt sich bei einer einzelstehenden Eiche der Weg. Hier halten wir uns rechts bis wir wenig später auf ein Wegekreuz treffen. Jetzt biegen wir wieder nach rechts um und laufen auf einem breiteren Weg durch dichten Laubwald. Schon sehr bald kommen wir an ein großes Wegekreuz. Wir halten uns jetzt erneut rechts und bummeln in westlicher Richtung weiter. Nach etwa 1 Kilometer gelangen wir zur Ausflugsgaststätte *Petkamsberg* und stehen hier am Ufer der *Hauptspree*. Wir sind bis jetzt eine gute Stunde unterwegs. Nun laufen wir wieder zu der letzten Kreuzung zurück und darüber hinaus auf dem gleichen Wege geradeaus weiter bis nach einer großen Schonung auf der linken Seite ein Birkenwäldchen auftaucht. Hier biegen wir nach rechts in südliche Richtung um. Nach knapp 2 Kilometern stoßen wir auf eine Wegegabel, bei der wir uns links halten. Schon wenige Minuten später kreuzt ein breiterer Waldweg, in den wir links einbiegen. Den wenige Meter danach querenden Jagenweg lassen wir unberücksichtigt und wenden uns erst bei dem nächsten Wegekreuz nach links. Nun heißt unsere neue Marschrichtung Norden. Bald überqueren wir zwei ausgedehnte Kahlschläge, überschreiten dann wieder den breiten Weg und kommen kurz danach auf freies Feld hinaus. Jetzt immer geradeaus weiter neben einem Graben her. Kurz vor *Schlepzig* gabelt sich der Weg. Wir halten uns hier links und biegen dann in den nächsten Feldweg rechts ein, der uns in wenigen Minuten nach *Schlepzig* zurückbringt.

36 Von Lubolz zum Burgkgraben

Weglänge 12 km.
Gehzeit 3 Stunden.
DDR-Wanderkarte 1:50000 Spreewald
Entfernung von Berlin 93 km.
Grenzübergang Rudower Chaussee.

Die Anfahrt erfolgt wie bei Wanderung 34 und weiter bis nach *Lübben* (Kreis Lübben), etwa 13500 Einwohner und Kreisstadt an der Spree. Lübben wurde im Jahre 1150 erstmalig genannt. Im 15. Jahrhundert wurde aus dem im Spreewald reich vorhandenen Raseneisenstein eine Stadtmauer errichtet, von der heute noch geringe Reste vorhanden sind. Von 1666 bis 1815 war im Schloß der Sitz der Oberamtsregierung der damals sächsischen Niederlausitz. Im April 1945 wurde Lübben etwa zu 80% zerstört. Sehenswert ist das Schloß aus der Spätrenaissance, erbaut 1682, mit reichgestaltetem Ostgiebel und an der Nordseite ein Sandsteinportal mit sächsischem Wappen. Vor der gotischen Kirche steht das Denkmal des Pfarrers und Kirchenliederdichters Paul Gerhardt (1607–1676). Zwei seiner bekanntesten Lieder: »O Haupt voll Blut und Wunden« und »Nun ruhen alle Wälder.«

Am Ortseingang von *Lübben* zweigt spitzwinkelig nach links gehend eine Straße nach *Lubolz* ab, das wir nach 4 Kilometern erreichen. Bei der Kirche können wir parken. Wir laufen jetzt etwa 100 Meter auf der Straße zurück und biegen in die erste, rechts abzweigende Seitenstraße ein. Am Ortsende, hinter dem letzten Haus auf der rechten Seite, halten wir uns halbrechts und wandern in nordwestlicher Richtung über die Felder zum nahen Wald. Wenn wir einige Zeit später auf eine große Wegegabel stoßen, halten wir uns links und erreichen nach einer knappen Stunde ab Lubolz einige alleinstehende Häuser, unter anderem ein Bahnwärterhaus. Wir bleiben weiter auf unserem Weg, mit dem wir rund 15 Minuten später zum ersten Mal den *Burgkgraben* überqueren und unmittelbar darauf auf eine Fahrstraße stoßen. Hier biegen wir rechtsum und gehen nur etwa 100 Meter auf der Straße. Bereits in den nächsten abzweigenden

Weg biegen wir nach rechts in Richtung Osten um. An der dann bald folgenden Gabelung halten wir uns weiterhin geradeaus. Wenn der Wald aufhört, kommt von rechts wieder der *Burgkgraben* an unseren Weg heran. Wir laufen jetzt eine Weile neben dem Wasser her und biegen später mit

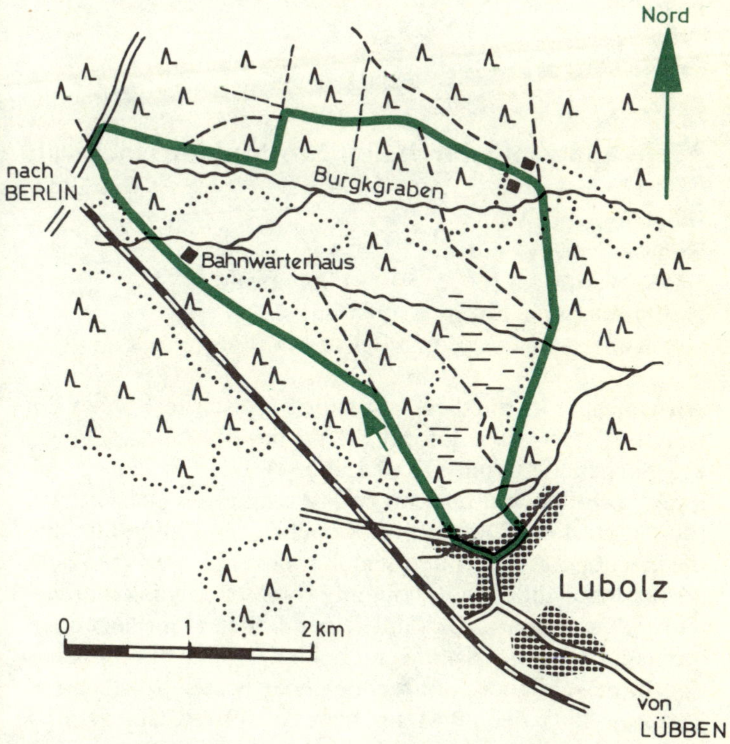

dem Feldweg nach links in den Wald ein. Bei der nächsten Kreuzung laufen wir geradeaus auf einem schmaleren und vergrasten Weg weiter nach Norden. Wenig später treffen wir nach Durchqueren einer Schonung auf einen Querweg, der so breit ist, daß wir zunächst im Zweifel sind, ob es sich wirklich um einen Weg handelt. Hier wenden wir uns nach rechts und bummeln erst in östliche und später in ost-südöstliche Richtung weiter. Nach einiger Zeit überschreiten wir zum dritten und letzten Male den *Burgkgraben*. Bei der Wegegabel kurz danach verlassen wir den überbreiten Waldweg, der hier eine Linksbiegung macht und laufen geradeaus weiter. Bald kommen wir aus dem Wald heraus und schlendern über Wiesen in einer halben Stunde nach *Lubolz* zurück.

37 Wanderung durch den Nordpolder Hochwald

Weglänge 19 km.
Gehzeit 4½ Stunden.
DDR-Wanderkarte 1:50000 Spreewald.
Entfernung von Berlin 109 km.
Grenzübergang Rudower Chaussee.

Ausgangspunkt für diese eigentlich typischste Spreewaldwanderung ist das am nördlichen Rand des Oberspreewaldes gelegene *Straupitz* (Kreis Lübben). Der Ort liegt 16 Kilometer östlich von Lübben und ist am besten über die Autobahn Berlin – Dresden zu erreichen. Auffallend ist hier die mächtige, zweitürmige Schloßkirche, die 1828–1832 unter der maßgeblichen Beteiligung von K. F. Schinkel erbaut wurde. Der massige Bau mit seinen hohen Rundbogenfenstern und den beiden 40 Meter hohen Türmen nimmt sich in der Spreewaldlandschaft recht eigenartig aus. Westlich von Straupitz liegt der 89 Meter hohe Weinberg, auf dem bis Anfang des 19. Jahrhunderts Weinanbau betrieben wurde.

Vor der Kirche können wir auf einem sehr geräumigen Parkplatz unseren Wagen abstellen. Von hier aus laufen wir in südöstlicher Richtung an der Kirche vorbei. An der nächsten Querstraße schwenken wir rechtsum und gehen zwischen zwei Obelisken hindurch bis zum leider sehr verfallenen, ehemaligen *Schloß* weiter. Hinter der gegenüberliegenden Schule schwenken wir nach links und bei der gleich

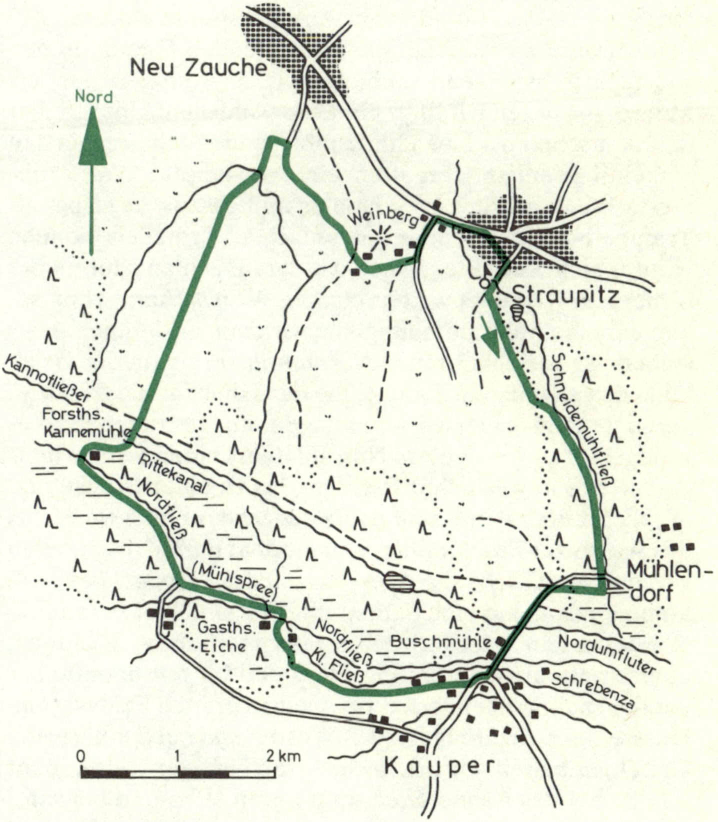

Neu Zauche
Nord
Weinberg
Straupitz
Kannotfließer
Forsths.
Kannemühle
Rittekanal
Nordfließ
Schneidemühlfließ
Mühlen-
dorf
(Mühlspree)
Gasths.
Eiche
Nordfließ
Kl. Fließ
Buschmühle
Nordumfluter
Schrebenza
0
1
2 km
Kauper

folgenden Wegegabel marschieren wir geradeaus auf einem Asphaltsträßchen in süd-süd-östlicher Richtung. Nun immer ganz geradeaus bis die Straße eine Rechtskurve macht. Hier verlassen wir sie und schwenken links in einen Feldweg mit dem Wegweiser »Byhleguhre« ein. Wir überqueren ein Fließ und wenig später stößt von links das *Schneidemühlfließ* an unseren Weg, neben dem wir für einige Zeit einherlaufen. Eine knappe Stunde vom Ausgangspunkt entfernt stoßen wir auf einen hohen, querverlaufenden Damm, in den wir rechtsschwenkend einbiegen. Nach wenigen hundert Metern passieren wir links ein Erlenwäldchen. Unmittelbar dahinter sehen wir einen links abbiegenden Feldweg, in den wir einschwenken. Der über eine versumpfte Wiese führende Weg wird immer schmaler und ist zuletzt selbst als Trampelpfad kaum mehr auszumachen. Trotzdem können wir uns nicht verlaufen, wenn wir darauf achten, stets in der bisherigen Richtung weiterzulaufen. Von weitem schon sehen wir eine hohe Böschung, die wir dann erklimmen. Hier stehen wir vor dem breiten *Nordumfluter*, einem der vielen künstlich angelegten Kanäle, die dazu dienen, die früher so verheerenden Überschwemmungen im gesamten Spreewaldgebiet zu verhindern. Nun auf dem Damm wenige hundert Meter in westlicher Richtung bis zu einer Brücke und mit dieser über den Kanal. Kurz danach kommen wir rechts des Weges zur *Buschmühle*. Unmittelbar darauf überqueren wir das *Nordfließ*, die *Schrebenza*, das *Große Fließ* und kommen dann auf eine Fahrstraße. Wir sind hier in *Kauper*. Wir bummeln jetzt auf der Straße in südliche Richtung, überschreiten wiederum ein Fließ und biegen unmittelbar vor dem dann folgenden rechts in einen breiten Feldweg ein. Unsere neue Richtung ist jetzt Westen und bei der nächsten Gabelung halten wir uns rechts. Nach einiger Zeit kommt von rechts das *Kleine Fließ* an unseren Weg und begleitet uns bis zum idyllisch gelegenen *Gasthaus Eiche*. Wir sind jetzt insgesamt etwa zwei Stunden unterwegs.

An dem Gasthaus schwenken wir nach links und überqueren auf einer Holzbrücke ein Fließ. Jetzt befinden wir uns in der Spreewaldlandschaft, die wir alle von unzähligen Bildern her kennen: Die Spree durchquert einen dichten, dämmrigen Hochwald. Auf diesem Fußpfad, begrenzt von der *Mühlspree* rechts und dem *Großen Fließ* links, gelangen wir nach einer dreiviertel Stunde zum *Forsthaus Kannemühle.* Hier überschreiten wir auf einem Wehr die *Mühlspree*, gehen dann wenige Meter zurück und schwenken mit einem Feldweg nach links um. Nach Überqueren des *Rittekanals* treffen wir auf einen breiten Weg oben auf dem Damm des *Kannofließers*, auf dem wir rechtsum machen. Nun schlendern wir bis zur nächsten Brücke und überqueren mit dieser das Fließ. Jetzt bummeln wir immer geradeaus weiter in nördlicher Richtung durch Wiesenlandschaft bis wir nach drei Kilometern das Dorf *Neu-Zauche* erreichen. Nach den ersten Häusern des Ortes biegen wir rechts ein, wenden uns bei der nächsten Kreuzung nochmal nach rechts und verlassen bereits wieder den Ort in südlicher Richtung. Eine große landwirtschaftliche Produktionsstätte lassen wir links liegen. Links vor uns erhebt sich jetzt der *Weinberg,* den wir in einem großen Linksbogen teilweise umrunden. Hinter dem dann folgenden landwirtschaftlichen Betrieb halten wir uns rechts und unser Feldweg liefert uns dann auf der Straße 320 ab. Auf dieser machen wir rechtsum und erreichen nach einem weiteren Kilometer wieder den Parkplatz.

38 Von Lübbenau nach Leipe

Weglänge 11 km.
Gehzeit 2½ Stunden.
DDR-Wanderkarte 1:50000 Spreewald.
Entfernung von Berlin 104 km.
Grenzübergang Rudower Chaussee.

Lübbenau (Kreis Calau) ist mit seinen rund 24000 Einwohnern Hauptausgangspunkt für Kahnfahrten durch den Oberspreewald. Die sorbische Besiedelung ist bereits für das 9. und 10. Jahrhundert nachweisbar. Erste Erwähnung findet der Ort im Jahre 1301 und wechselte bis um 1600 des öfteren die Besitzer. 1621 ging Lübbenau in den Besitz der Grafen von Lynar über, die es bis 1945 besaßen. Der kleine Burgflecken westlich des Schlosses, um 1315 erstmals genannt, entwickelte sich nur ganz langsam zu einer Stadt. Leinenweberei und mehr noch der Gemüseanbau trugen viel dazu bei. Auch der Ende des 19. Jahrhunderts beginnende Fremdenverkehr war ein bedeutender Faktor für die kleine Stadt. Das Schloß wurde 1817 von Karl Friedrich Schinkel auf den Grundfelsen einer alten Wasserburg erbaut. In der Orangerie befindet sich eine beachtliche Sammlung von Gemälden, Grafiken, Porzellanen und Gläsern aus dem 17. bis 19. Jahrhundert. Die frühere gräfliche Kanzlei birgt das Spreewald-Museum.

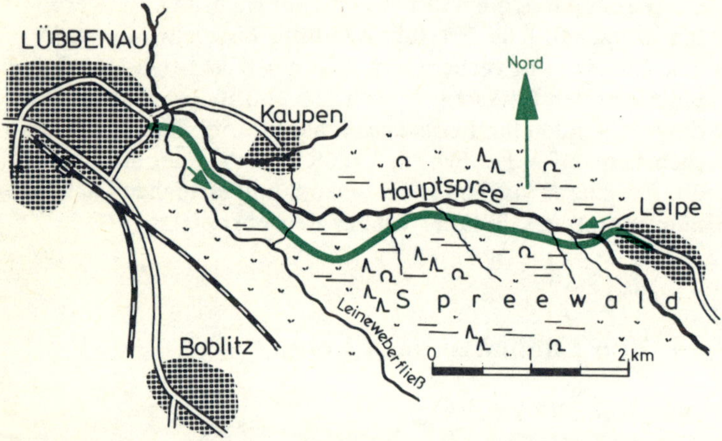

Die Anreise nach *Lübbenau* erfolgt am besten über die Autobahn Berlin – Dresden. Am Bahnhof biegen wir links in die *Ernst-Thälmann-Straße* ein und fahren auf dieser weiter bis zur *Altstadt.* Kurz nach der *Nicolai-Kirche* biegen wir rechts in die *Maxim-Gorki-Straße* ein. Gegenüber dem *Spreewaldhafen* liegt ein großer Parkplatz.

Wir laufen auf der *Maxim-Gorki-Straße* nur etwa 10 Meter in Fahrtrichtung weiter und sehen dann auf der gegenüberliegenden Straßenseite einen breiten Fußweg, der uns zum Wasser und zur ersten »Bank« bringt, wie die hohen

Holzbrücken hier genannt werden. Danach halten wir uns rechts (Markierung blauer Senkrechtstrich auf gelbem Feld) und sind jetzt auf dem rechten Weg. Wir schlendern nun auf einem aufgeschütteten, von Birken gesäumten Weg quer durch den Spreewald. Wenn wir uns ruhig verhalten und überdies noch etwas Glück haben, können wir sogar Fischreiher beobachten. Des öfteren überqueren wir Fließe und Gräben und dann taucht links des Weges die *Hauptspree* auf. Wie eine Insel im Moor liegen Häuser und Felder des alten Dorfes *Leipe*, welches wir nach etwa 1¹/₄ Stunden erreichen. In der Mitte des Ortes liegt das *Spreewald-Hotel*, in dem wir eine Rast einlegen können.

Der Rückweg ist zwangsläufig der gleiche, da es nur die eine direkte Verbindung zwischen *Lübbenau* und *Leipe* gibt.

39 Von Lübbenau zur Wotschofska und nach Lehde

Weglänge 13 km.
Gehzeit Etwa 3 Stunden.
DDR-Wanderkarte 1:50000 Spreewald.
Entfernung von Berlin 104 km.
Grenzübergang Rudower Chaussee.

Für diese Wanderung benutzen wir denselben Parkplatz wie bei der Tour 38 in *Lübben* (Kreis Calau). Auf der *Maxim-Gorki-Straße* kehren wir linksum und laufen bis zur *Nicolai-Kirche* zurück. Dieser gegenüber biegt rechts die *Spree-Straße* ab, in die wir einbiegen. Schon nach wenigen Minuten überqueren wir auf der ersten Bank die *Hauptspree*. Jetzt taucht das Wegezeichen »Blauer Schrägstrich auf gelbem Grund« zum ersten Mal auf. Wir schlendern neben dem Wasser her und überschreiten dann das *Lehder Fließ*. Jetzt führt uns unser Fußpfad zuerst durch einen Erlenwald und dann auf das offene Moor hinaus. Nach einiger Zeit überlaufen wir wiederum auf einer hohen Bank den *Eschen-Graben* und wandern von da an neben dem *Bürgerfließ* weiter. Fehlgehen können wir auf diesem Pfad nicht, da es nur diesen einen Weg gibt. Bald nimmt uns schöner, alter Eichenwald auf und nach einer knappen Stunde haben wir das Waldhotel *Wotschofska* erreicht.

Im 18. und 19. Jahrhundert war Wotschofska (im sorbischen Wotsowska, von wotsow = Insel) ein aus Holzstämmen erbautes, einfaches Jagdhaus der Grafen von Lynar auf

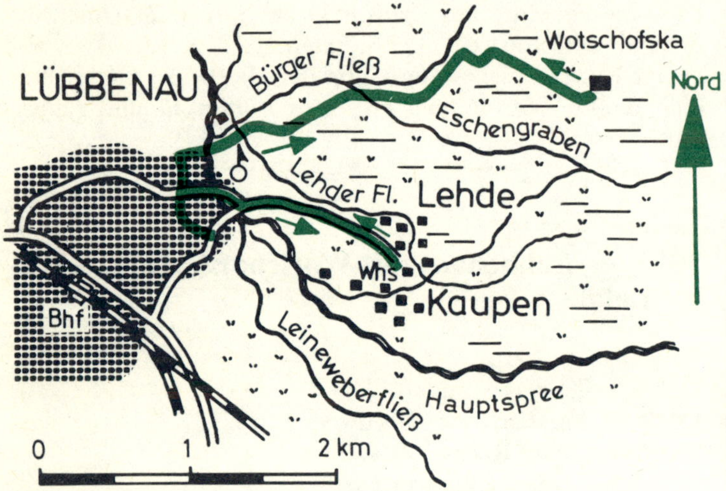

einer Insel mitten im Spreewald. Seit Ende des 19. Jahrhunderts ist dieses Holzhaus zu einem der beliebtesten Ausflugsziele avanciert und in den Sommermonaten entsprechend überlaufen.

Der Rückweg ist zwangsläufig der gleiche wie der Herweg und wir erreichen *Lübbenau* ebenfalls wieder nach einer knappen Stunde.

Wir gehen hier wieder an der *Nicolai-Kirche* vorbei und biegen wenig später nicht rechts in die *Maxim-Gorki-Straße* ein, sondern gehen geradeaus weiter über die *Hauptspree* bis zum *Schloß*. Unmittelbar davor biegen wir rechts um und laufen auf einem schmalen, für den Durchgangsverkehr gesperrten Asphalt-Sträßchen in südöstlicher Richtung. Zunächst schlendern wir neben dem *Schloß-Park* her und überqueren bald darauf ein Fließ. Etwa nach einer knappen halben Stunde ab Lübbenau haben wir *Lehde* erreicht.

Lehde, Ortsteil von Lübbenau mit etwa 200 Einwohnern. Dieses wohl schönste Spreewalddorf hat erst seit 1929 einen Landweg nach Lübbenau. Hier ist der Stoßkahn heute noch ein wichtiges Verkehrsmittel. Sehenswert sind die alten, meist aus Erlenholz erbauten und mit Reet gedeckten Blockhäuser in den verschiedenen Grundrißformen (so zum Beispiel das Wohn-Stallhaus), deren älteste über 200 Jahre alt sind. Mit ständig wachsendem Tourismus ist *Lehde* heute mehr denn je das Hauptziel der Kahnfahrten von Lübbenau. Das viel genannte Gasthaus »*Zum fröhlichen Hecht*«, ganz neu erbaut, aber leider nicht im Original-Spreewald-Stil, ist während der Saison ständig überlaufen und für Reisegesellschaften reserviert. Hier bleibt meist nur Selbstbedienung im Gartenlokal und der Verkauf von sauren Gurken, einem typischen Spreewaldprodukt. Gegenüber der Gaststätte liegt das seit 1957 bestehende und sehenswerte Freilandmuseum mit Wohn- und Wirtschaftsgebäuden, sowie alten Hausgeräten aus den verschiedenen Teilen des Spreewaldes. Das Museum ist von Mai bis Oktober täglich außer montags geöffnet.

Auf der kurvenreichen Dorfstraße laufen wir bis zum Gasthof »*Zum fröhlichen Hecht*«. Nachdem wir alles Interessante angesehen haben, kehren wir auf dem gleichen Wege nach Lübbenau zurück.

40 Rund um Burg-Kauper

Weglänge 12 km.
Gehzeit 3 Stunden.
DDR-Wanderkarte 1:50000 Spreewald.
Entfernung von Berlin 124 km.
Grenzübergang Rudower Chaussee.

Die Anfahrt nach *Burg* (Kreis Cottbus) erfolgt über die Autobahn Richtung Cottbus, Abfahrt Vetschau. Dann weiter über Vetschau hinaus nach Suschow und dahinter links nach Naundorf und Burg-Kauper.

Burg, rund 3600 Einwohner und bestehend aus den Ortsteilen *Burg-Dorf, Burg-Kauper* und *Burg-Kolonie* ist mit 52 Quadratkilometern die größte Landgemeinde der DDR. Hier ist der Mittelpunkt des sorbischen Volkstums im Spreewald und es war früher ein Erlebnis sonntags den Kirchgang der Wenden zu beobachten. Ältester Siedlungskern ist der heutige Ort Burg, der seinen Namen vermutlich von der 1,5 Kilometer von der Kirche entfernten frühgeschichtlichen Burganlage trägt, die seit 1787 als Schloßberg bezeichnet wird. Auf diesem, der sich 9,5 Meter auf einer Sanddüne erhebt, wurde in den Jahren 1915–1917 der *Bismarckturm* errichtet, der jetzt *Jugendturm* heißt und von dem man einen wunderschönen Blick über den gesamten Oberspreewald hat. Die spätere Besiedlung der Niederungen erfolgte auf einzelnen kleinen Erhebungen, den sogenannten Kaupen, wie auch die verstreut liegende Siedlung *Burg-Kauper*, die im Jahre 1725 zum ersten Mal erwähnt wurde. Mitte des 18. Jahrhunderts wurde von Friedrich Wilhelm I. der Ort *Burg-Kolonie* angelegt. Die Ansiedler kamen aus der sächsischen Niederlausitz und dem preußischen Kreis Cottbus. Nach und nach entwickelten sich die 3 Gemeinden Burg zu einer der wichtigsten Ausflugs- und Touristenstätten des Spreewaldes.

Im Ortsteil *Burg-Kauper* liegt links an der Straße das *Gasthaus Wendenkönig,* vor dem wir unser Auto parken können. Wir beginnen unsere heutige Wanderung indem wir auf der Straße in Fahrtrichtung nach Norden loslaufen, überqueren danach gleich die *Neue Spree* und biegen hinter dem Kinderhort nach links in einen Feldweg ein. Nach etwa 20 Minuten kommen wir an den Parkplatz des *Ausflugsrestaurants Waldschlößchen.* Hier biegen wir am Ende rechtsum, halten uns danach halblinks und überqueren den *Burg-Lübbener-Kanal*. Anschließend marschieren wir auf einem Feldweg in west-nord-westlicher Richtung durch sumpfige Wiesen weiter. Wenn nach einiger Zeit unser Weg

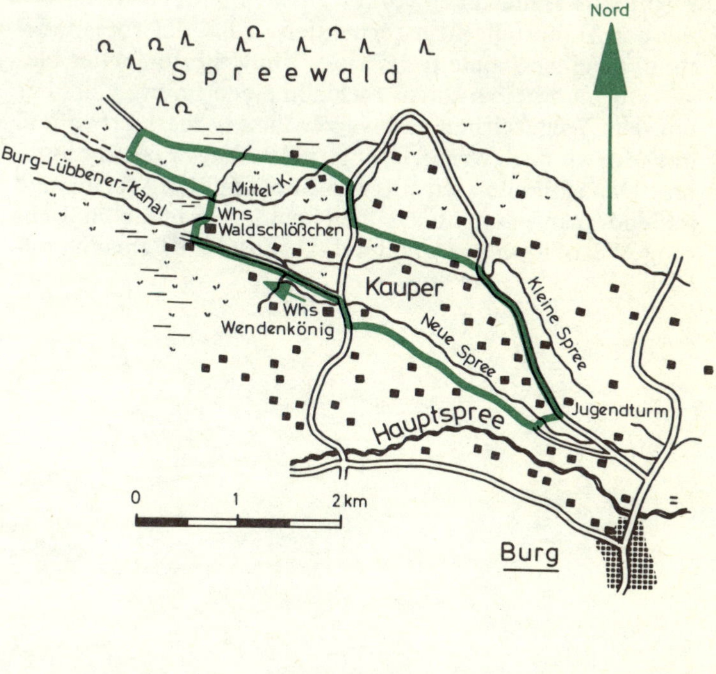

eine Linkskurve macht und rechts vor uns einige Gartenhäuschen auftauchen, biegen wir rechts in einen Fußpfad ein. Wir wandern nun zwischen Gärten hindurch und überschreiten im Anschluß daran ein Fließ. Halblinks vor uns sehen wir in einer Entfernung von etwa 400 Metern eine weitere Brücke, die wir dann ebenfalls überlaufen, nachdem wir bis dorthin durch eine feuchte Wiese gegangen sind. Nun geradeaus weiter bis wir bald darauf auf einen breiten Querweg stoßen. Hier wenden wir uns nach rechts und bummeln in östlicher Richtung, erst über einige Fließe und wenig später über den *Mittel-Kanal*, wieder zurück nach *Burg-Kauper*. Auf der Hauptstraße schwenken wir nach rechts, überlaufen zunächst wieder den *Burg-Lübbener-Kanal* und biegen unmittelbar dahinter links in einen Feldweg ein. Nach etwa 1,5 Kilometern treffen wir erneut auf eine Fahrstraße, auf der wir uns nach rechts wenden. Wir bummeln jetzt an 2 Autobus-Haltestellen vorbei. Etwa 300 Meter hinter der zweiten Haltestelle liegt rechts der Straße der rote Backsteinbau einer Schule (oder eines Kinderhortes). Hier biegen wir unmittelbar davor rechts in einen Fußweg ein, der mit dem Wegezeichen »schwarzer Punkt« markiert ist und mit dem wir nach wenigen Metern die *Neue Spree* überqueren. Danach halten wir uns auf einem Feldweg rechts und schlendern in einer guten halben Stunde, uns immer in Richtung West-Nord-West haltend, zu unserem Fahrzeug zurück.

Anschriftenverzeichnis

Deutsches Jugendherbergswerk
Bismarckstraße 8, D-4930 Detmold

Deutsche Wanderjugend
Wilhelmstraße 39, D-7263 Bad Liebenzell

Europäische Wandervereinigung e. V.
Reichsstraße 4, D-6600 Saarbrücken

Verband Deutscher Gebirgs- und Wandervereine e. V.
Reichsstraße 4, D-6600 Saarbrücken

Deutscher Alpenverein
Praterinsel 5, D-8000 München 22

Touristenverein »Die Naturfreunde«, Bundesgruppe Deutschland e. V.
Großglocknerstraße 28, D-7000 Stuttgart 60

Bund Deutscher Radfahrer e. V.
Otto-Fleck-Schneise 4, D-6000 Frankfurt/Main 71

Wichtiger Hinweis

Da Jugendherbergen und Wanderheime zum Teil während der Woche und zu bestimmten Zeiten des Jahres geschlossen sind, empfiehlt der Verlag, sich frühzeitig vor Beginn einer Wanderung mit den genannten Häusern in Verbindung zu setzen und die folgenden Angaben nur als Hinweis zu betrachten und sich zum Planen – besonders einer längeren Wanderung – folgende Verzeichnisse zuzulegen:

1. Deutsches Jugendherbergsverzeichnis
2. Naturfreundehäuser in Deutschland
3. Die Alpenvereinshütten

im jeweils gültigen Jahrgang. – Zu beziehen über den Buchhandel oder über eine der vorstehenden Adressen.

Anschriften der Landesverbände des Deutschen Jugendherbergswerkes und des DJH-Hauptverbandes

Landesverband Baden e. V.,
Weinweg 43, D-7500 Karlsruhe 1

Landesverband Bayern e. V.
Mauerkircherstraße 5, D-8000 München 80
Postanschrift: Postfach 860309, D-8000 München 86

Landesverband Berlin e. V.
D-1000 Berlin 61 (Kreuzberg), Tempelhofer Ufer 32

Landesverband Hannover e. V.
Ferdinand-Wilh.-Fricke-Weg 1, D-3000 Hannover 1

Landesverband Hessen e. V.
Stegstr. 33, D-6000 Frankfurt/Main 70

Landesverband Nordmark e. V.
Rennbahnstraße 100, D-2000 Hamburg 74

Landesverband Rheinland-Saarland e. V.
Düsseldorfer Straße 1, D-4000 Düsseldorf 11-Oberkassel

Landesverband Rheinland-Pfalz e. V.
In der Meielache 1, D-6500 Mainz

Landesverband Schwaben e. V.
Urachstraße 37, D-7000 Stuttgart 1

Landesverband Unterweser-Ems e. V.
Woltmershauser Allee 8, D-2800 Bremen

Landesverband Westfalen-Lippe e. V.
Eppenhauser Straße 65, D-5800 Hagen/Westf.

Deutsches Jugendherbergswerk, Hauptverband
Postfach 220, Bismarckstraße 8, D-4930 Detmold

Wandern mit Kindern und Jugendlichen

Wandernd die Natur erleben: Spiele, Abenteuerwanderungen, Wander-Rallye und viele weitere Möglichkeiten. Dargestellt von der Deutschen Wanderjugend.

Wandern mit Kompaß und Karte

und anderen Hilfsmitteln zur Orientierung. Beschrieben von Heinrich Streich.

Radwandern gut vorbereiten Technik – Planung – Tips

Rund ums Rad. Kleine Geschichte des Fahrrads. Das Fahrrad in seinen Einzelteilen. – Für jeden das richtige Fahrrad. – Aufs Rad und los. – Verhalten im Verkehr. – Radfahren der Gesundheit zuliebe. – Pflegen – Reinigen – Warten.

Wandern gut geplant und vorbereitet

Ratgeber und Wanderregeln. Ausrüstung – Tourenplanung – Quartiersuche u. a. m.. Beschrieben von Friedrich Schuhmacher, mit einem Geleitwort von Otto Wirthensohn, Vorsitzender des Deutschen Jugendherbergswerkes.

Auf den Spuren der Römer im Rheinland

Ausflüge zu den Überresten aus römischer Zeit. Beschrieben von Werner Schönhofen.

Auf den Spuren der Römer vom Main zur Rems

44 Rundwanderungen zu den schönsten Limesstrecken und zu sehenswerten römischen Bauresten. Beschrieben von Karlheinz Eckardt.

Auf den Spuren der Römer von der Rems zur Donau

44 Rundwanderungen zu den schönsten Limesstrecken und zu sehenswerten römischen Bauresten. Beschrieben von Karlheinz Eckardt.

Auf den Spuren der Römer vom Rhein zum Main

37 Rundwanderungen zu den schönsten Limesstrecken und zu sehenswerten römischen Bauresten. Beschrieben von Karlheinz Eckardt.

Lexikon Europäischer Fernwanderwege

Zum Planen einer Wanderung, zum Nachschlagen unterwegs, viele praktische Ratschläge, Hinweise auf Orte, Landschaften, Sehenswürdigkeiten mit Fotos, Zeichnungen und Kartenskizzen. Bearbeitet von Professor Dr. Alfred Herold und Gert Quenzer.

wandern + radwandern

Die zuverlässigen, tausendfach bewährten Wegweiser mit der Marke ›Kompass‹ und dem roten Punkt

Die schönsten Wanderungen

Allgäu I:
Ober-Ostallgäu
Allgäu II:
Region Westallgäu
Altmühltal/ Frankenalb Süd
Bayerischer Wald
Berchtesgadener Land
Bergisches Land
Bodensee und Umgebung
Deutsch-Belgischer Naturpark:
Eifel Nord – Hohes Venn
Eifel
Ems – Weser
Fichtelgebirge
Großer Fränkische-Schweiz-Führer
Fränkische Schweiz/ Frankenalb Nord
Frankenwald
Frankfurt-Offenbach
Hamburg, Wanderregion
Harz
Hohenlohe mit Georg-Fahrbach-Weg
Holsteinische Schweiz
Hunsrück
Lüneburger Heide
Mark Brandenburg
Mittelrhein
Mosel, Wanderregion
Münsterland
Neckarland
Niederrhein
Oberbayern I:
Bayerische Voralpen/ West
Oberbayern II:
Bayerische Voralpen/ Ost
Oberschwaben
Odenwald
Ostfriesland
Pfalz
Burgen- und Felsenwanderungen Pfalz
Großer Pfalz-Führer
Rhön mit Vogelsberg
Saarland
Sauerland
Schönbuch mit Stuttgart
Schwäbische Alb
Schwäbischer Wald
Schwarzwald Nord
Schwarzwald Süd 1:
Kinzig – Feldberg
Schwarzwald Süd 2:
Feldberg – Rhein
Spessart
Taunus
Teutoburger Wald
Weser-Leine-Bergland
Westerwald

Stadtwanderführer

Berlin/West
Zu Fuß durch Stuttgart

Streckenwanderwege

Deutschland-Wanderung
von JH zu JH
Ahrhöhenwege/ Ahrtalwege
Albrandweg
Lech – vom Ursprung bis zur Mündung
Mainwanderweg
Main-Donau-Wege
Main-Neckar-Rhein:
Wanderweg Baden-Württemberg
Moselhöhenwege
Rheinhöhenwege
Sauerland-Höhenring
Schwarzwaldhöhenwege
Fernwanderwege im Voralpenland
(König-Ludwig-Weg/ Lech-Höhenweg/ Schwäb.-Allgäuer Weg/Prälatenweg)
Westpfalz-Wanderwege

Wandern in Europa

Dolomiten
Harz-Niederlande-Wanderweg
Kanarische Inseln
Luxemburg
Riesengebirge
Schweizer Jura/ Genfer See
Tschechoslowakei
Vogesen Nord
Vogesen Süd

Europäische Fernwanderwege

E 1: Flensburg – Genua
E 2: Holland – Mittelmeer
E 3: Böhmerwald – Atlantik
E 4: Pyrenäen – Neusiedler See
E 5: Bodensee – Venedig
E 6: Ostsee – Adria
Lexikon Europäische Fernwanderwege
Große Wanderwege – Übersichtskarte 1:550000 BRD
Europäische Ferwanderwege/Internationale – und Hauptwanderwege (Auswahl)

Wanderbares Österreich

Burgenland
Kärnten
Oberösterreich
Salzburger Land
Tirol
Osttirol
Vorarlberg
Wien, Wanderregion

Die schönsten Radtouren

Allgäu/Bodensee
Bayerischer Wald
Bergisches Land mit Siegerland
Donau: Vom Schwarzwald bis Wien
Eifel
Fränkische Schweiz/Frankenalb/Altmühltal
Harz/Weser/Leine
Hohenlohe/Taubergrund
Hunsrück/Pfalz/Saar
Lüneburger Heide mit Wendland
Münsterland
Niederrhein/Hohe Mark
Nordfriesland mit Hamburg
Nordhessen
Oberschwaben/Bodensee
Oberrhein – Elsaß I: Heidelberg – Straßburg
Oberrhein – Elsaß II: Straßburg – Basel
Odenwald
Ostfriesland und Unterweser
Ostsee und Holsteinische Schweiz
Rheinhessen – Pfalz
Rhein-Main-Nahe
Set Radwandern in Rheinland-Pfalz inkl. 3 Radwanderkarten 1:100000
Ruhrgebiet
Sauerland
Schwäbische Alb
Schwäbischer Wald/Neckarland
Schwarzwald
Spessart/Kinzigtal/Fränkisches Weinland
Taunus/Wetterau
Teutoburger Wald/Weser/Wiehen- und Eggegebirge
Voralpenland I: Iller – Donau – Lech
Voralpenland II: Lech – Donau – Salzach
Westerwald mit Siebengebirge
Rad-Deutschland-Tour: Von JH zu JH
Radfernwandertouren BR Deutschland
Frankreich
Niederlande

DJH-Wegweiser

Wandern mit Kompaß und Karte
Spuren der Römer im Rheinland
Spuren der Römer: Rhein – Main
Spuren der Römer: Main – Rems
Spuren der Römer: Rems – Donau
Wandern mit Kindern und Jugendlichen
Wandern gut geplant und vorbereitet
Radwandern gut vorbereiten: Technik, Planung, Tips

Rad-Fernwandertouren

(Ostsee-Bodensee-Tour) Route 1: Flensburg – Passau.
Route 2: Passau – München – Ulm.
Route 3: Ulm – Lindau – Stein am Rhein.
Rhein-Tour, Route 4: Stein am Rhein – Kleve – Schiedam/Niederlande.
Mosel-Tour, Route 5: Koblenz – Trier.
Main-Tour, Route 6: Kulmbach – Bamberg – Würzburg – Mainz.
Rhein-Ostsee-Tour, Route 7: (Kleve – Lübeck.) Abgeradelt und beschrieben von Helmut Dumler, Hans-Volker Pahl und Günter R. E. Richter. Mit vielen Farbbildern und farbigen Streckenskizzen.

Rad-Wandertouren der Donau entlang

Vom Ursprung im Schwarzwald bis hin zur Tschechoslowakei. Schwarzwald und Schwäbische Alb, bayerische Städte an der Donau, am Fuß des Bayerischen Waldes und in Österreich der Donau entlang. Beschrieben von Hans Naumann.

Rad-Wandertouren in Frankreich

Die schönsten und erlebnisreichsten Rundfahrten und Streckentouren. Ausgewählt, abgeradelt und beschrieben von Elmar Lamers.

Rad-Wandertouren in den Niederlanden

Die schönsten und erlebnisreichsten Rund- und Streckenfahrten. Ausgewählt, abgeradelt und beschrieben von Günter R. E. Richter.

Rad-Wanderführer Lüneburger Heide mit Wendland

Rund- und Streckentouren 6u. a. links und rechts des Elbe-Seiten-Kanals. Grenzland-Tour, Elbe-Tour, Route Hamburg – Bremen – Hannover – Braunschweig – Undeloh). Ausgewählt, abgeradelt und beschrieben von Reinhard Kuntzke.

Radtouren von Jugendherberge zu Jugendherberge

Deutschland-Rad-Tour sowie Regionaltouren mit vielen Farbbildern und farbigen Streckenskizzen. Beschrieben von Reinhard Kuntzke.

Wanderführer Berlin

Die schönsten Stadt-, Rund- und Streckenwanderungen. Beschrieben von Reinhard Kuntzke.

Die Deutsche Wanderjugend (DWJ) ist die Jugendorganisation des Verbandes Deutscher Gebirgs- und Wandervereine. Die jugendlichen Mitglieder von sechs bis 25 Jahren pflegen natürlich das Wandern in kind- und jugendgerechten Formen. Die Deutsche Wanderjugend wanderte schon lange aus Freude an der Natur und aus Spaß, bevor das „Volkswandern" erfunden wurde. Die Kinder und Jugendlichen bei der Wanderjugend lernen, wie man richtig wandert, erfahren alles über eine wandergerechte Ausrüstung von den Wanderschuhen bis zum Rucksack und üben den Umgang mit Kompass und Karte.

Wandern ist aber nur ein Teil der Aktivitäten. Die Jugendarbeit der Deutschen Wanderjugend umfaßt ein viel breiteres Angebot. Die Jugendgruppen der Wanderjugend legen die Inhalte und Schwerpunkte ihrer Arbeit selbst fest. Im Rahmen einer sinnvollen aktiven Freizeitgestaltung werden in der Gruppenarbeit oft musisch-kulturelle Aktivitäten bevorzugt: Basteln, Werken, Pantomime, Laienspiel, kreatives Gestalten, Singen und Instrumentalspiel, Volkstanz. Die vielfältige Bildungs- und Jugendarbeit der Deutschen Wanderjugend erstreckt sich auf Freizeiten, Fahrten, Zeltlager, Lehrgänge zur politischen Bildung, internationale Jugendbegegnungen.

Eine wichtige Aufgabe stellt der aktive Natur- und Umweltschutz für die Wanderjugend dar. Dabei steht v. a. die Erziehung und Bildung der Kinder und Jugendlichen zum umweltbewußten Menschen im Vordergrund.

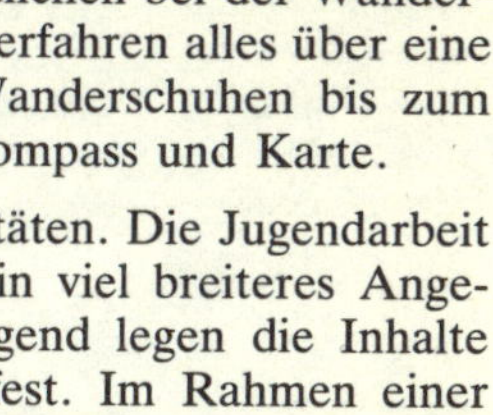

Wer mehr über uns, die DWJ, wissen will, schreibt an die

DWJ-Bundesgeschäftsstelle, Wilhelmstraße 39, D-7263 Bad Liebenzell.